AF723542

Die Deutsche Schrift

The German Script

Ein Übungsbuch

Grundwissen Genealogie 5

Fritz Verdenhalven

Die Deutsche Schrift

The German Script

Ein Übungsbuch

Verlag Degener & Co., Inh. Manfred Dreiss
unveränderter Nachdruck der 2. verbesserten Auflage von 1991
Insingen 2024

Das Nordrhein-Westfälische Staatsarchiv Detmold hat mir Schriftstücke aus seinen Beständen als Vorlage für die Leseübungen 9 bis 15 und den Anhang 16 bis 18 zur Verfügung gestellt. Ich habe dem Archiv für das Entgegenkommen zu danken. F.V.

Titelabbildung: Ausschnitt aus Lesübung 12

ISBN 978-3-7686-1040-7

© 1991/2016/2024 Verlag Degener & Co.
Am Brühl 9, D-91610 Insingen
http://www.degener-verlag.de • e-mail: degener@degener-verlag.de

Alle Rechte vorbehalten. Ohne schriftliche Genehmigung des Verlages ist es nicht gestattet, das Werk unter Verwendung mechanischer, elektronischer und anderer Systeme in irgendeiner Weise zu verarbeiten und zu verbreiten. Insbesondere vorbehalten sind die Rechte der Vervielfältigung – auch von Teilen des Werkes – auf photomechanischem oder ähnlichem Wege, der tontechnischen Wiedergabe, des Vortrags, der Funk- und Fernsehsendung, der Speicherung in Datenverarbeitungsanlagen, der Übersetzung und der literarischen oder anderweitigen Bearbeitung.

Druck und Bindung: mcpdruck Marki, Polen

Inhalt

Einführung

Die Problematik

Schenkt man Äußerungen verschiedener Medien Glauben, ist das Interesse an der Geschichte unseres Volkes oder einzelner Regionen der deutschen Länder seit einiger Zeit bei der jüngeren Generation im Aufwind. Das gleiche gilt für die sogenannten historischen Hilfswissenschaften (Familien-, Wappen-, Münz-, Ordens-, Maß-, Gewichts- und Schriftkunde). Leider wird diese Entwicklung durch eine Tatsache gebremst: Forschungen auf vorgenannten Gebieten bedingen das Studium schriftlicher Überlieferungen. Doch diese — sowohl Archivbestände als auch private Aufzeichnungen in Form von Briefen oder Tagebüchern von der Hand eigener Voreltern — sind meistens in einer »deutschen Schreibschrift« abgefaßt. Das gilt für amtliche Schriften bis in die jüngste Vergangenheit, fast bis in die Gegenwart, wo selbst maschinenschriftliche Unterlagen Aktennotizen von Personen enthalten, die gewohnt waren oder noch sind, »deutsch« zu schreiben. Bekanntlich ist jene deutsche Schreibschrift seit langem aus dem Schulunterricht verbannt. Das hat heute zur Folge, daß viele Mitbürger nicht mehr oder nur mit Schwierigkeiten in der Lage sind, solche Texte zu lesen. Hieraus entsteht außerdem die Gefahr der Vernichtung privat überkommenen Schriftgutes.

Jetzt — zum Ende der achtziger Jahre — haben fast nur noch Deutsche über fünfzig Kenntnis der alten deutschen Schreibschrift. Zum Ende des Jahrhunderts werden es nur noch Personen über sechzig sein, und die Zahl jener, die diese Schrift noch beherrschen und notfalls Hilfestellung geben können, wird langsam auf Null zurückgehen (sofern es sich nicht um Archivbedienstete handelt).

Doch nicht nur die eigenen Mitbürger haben diese Schwierigkeiten. Seit einer Reihe von Jahren besucht eine steigende Zahl Angehöriger fremder Nationen die hiesigen Archive. Sie suchen nach Auskünften über ihre Voreltern, die dereinst aus unserem Lande bzw. Sprachraum ausgewandert sind. Wenn es keine Sprachschwierigkeiten sind, so dürften Lesehindernisse ihre Forschungsarbeit erschweren.

Also ist es notwendig, allen Interessierten eine Möglichkeit zu schaffen, die inzwischen fremd gewordene Schriftform in deutschen Texten wieder lesen zu können. Wie schwer man sich oft dabei tut, habe ich aus praktischen Lehrkursen erfahren.

Die Deutsche Schreibschrift

Die Deutsche Schreibschrift hat sich im 16. bis 18. Jahrhundert entwickelt. Hierüber sind mehrere Veröffentlichungen erschienen[1], deren Studium den Interessierten nur empfohlen werden kann. Für den hier verfolgten Zweck ist jene Zeit allerdings ohne Bedeutung. Auch die erste Hälfte des 19. Jahrhunderts ist bei Heribert Sturm[2] sehr anschaulich beschrieben worden und mit Schriftmustern belegt.

Eine tiefgreifende Veränderung im Schreiben mit Tinte brachte die Erfindung der Stahlfeder durch die Engländer Perry und Wise um 1830. Sie verdrängte in Deutschland sehr bald die bis dahin gebräuchlichen Federkiele, mit der Folge, daß in den Schulfibeln nunmehr kalligraphisch exakte Lettern auftraten, deren Aufstriche denkbar dünn, deren Abstriche hingegen durch entsprechenden Federdruck kräftig verbreitert waren. Die feinen Auf- und kräftigen Abstriche hatten die ABC-Schützen in den folgenden siebzig bis achtzig Jahren säuberlich auszuführen. Diese Fertigkeit verlor sich allerdings im späteren Leben bei jenen, die eine »individuelle« Handschrift entwickelten, also oft zur Schreibfeder griffen. Insbesondere gilt das für die Beamtenschaft, die schließlich die Archivbestände des 19. und 20. Jahrhunderts vermehrte.

Noch in den Jahren zwischen 1920 und 1930 focht die Lehrerschaft — selbst in den mittleren Klassen der Gymnasien — hartnäckig für die kalligraphisch einwandfreie Schreibweise. Doch ihr Bemühen war erfolglos. Der inzwischen in Mode gekommene Füllfederhalter — vom Lehrkörper anfangs strikt abgelehnt — zog in die Klassenzimmer ein. Auf die Dauer konnte seine Benutzung nicht verhindert werden. So verschwanden feiner Auf- und kräftiger Abstrich bald aus der Schule.

Um dieselbe Zeit wurde man auf einen Graphiker aufmerksam, der schon einige Jahre tot war. Ludwig Sütterlin, geboren am 23. Juni 1865 und verstorben am 20. November 1917, hatte ein vereinfachtes deutsches Alphabet erdacht. Er schrieb die Buchstaben steil und verwendete keine Schnörkel mehr. Auch der feine Aufstrich war verschwunden. Sicherlich war diese sogenannte »Sütterlinschrift« einer noch ungeübten, lernenden Kinderhand besser angepaßt als die bis dahin übliche Kurrentschrift.Im Jahre 1924 führte eine Anzahl von Grundschulen diese weniger schöne Sütterlinschrift ein. Wie flächendeckend dies in Preußen oder anderswo geschah, ist mir nicht bekannt.

Im Jahre 1935 wurde im gesamten Reichsgebiet[3] die »Deutsche Schreibschrift« offizieller Lehrstoff. Zwar diente ihr die Sütterlinschrift als Grundlage, doch die Buchstaben blieben schräggestellt.

Dieses System ist nur sechs Jahre lang an unseren Schulen gelehrt worden. Am 3. Januar 1941 wurden Presse und Druckereien angewiesen, in allen Druckwerken künftig die »Antiqua-Schrift« als Normalschrift zu verwenden. Die lateinischen Typen lösten die bis dahin gebräuchlichen gotischen, die »Fraktur«, ab. Der gleiche Prozeß erstreckte sich auf die Schreibschrift. Mit Beginn des Schuljahres 1941[4] (im September) lernten die Kinder die deutsche Kurrentschrift nicht mehr. Seither ist die sogenannte Normalschrift, eine aus lateinischen Buchstaben entwickelte Schrift, in Gebrauch.

Das Übungsziel

Die Systeme »Sütterlin« und »Deutsche Schreibschrift« können hier unberücksichtigt bleiben. Wichtig erscheint die Kenntnis der älteren Kurrentschrift, wie sie bis nach 1930, also fast hundert Jahre lang, wahrscheinlich in den meisten deutschen Schulen gelehrt worden ist. Diese Schrift ist es, die uns in den archivalischen Überlieferungen oder in den hinterlassenen Niederschriften der Voreltern bis weit in das 19. Jahrhundert hinein begegnet. Wer diese Schrift zu lesen versteht, dürfte mit »Sütterlin« und »Deutscher Schreibschrift« überhaupt keine Schwierigkeiten haben. Schließlich werden wir den beiden letzteren wohl nur in alten, auf dem Dachboden aufbewahrten Schulheften begegnen.

Die deutsche Kurrentschrift

Bevor man mit den Übungen beginnt, sollte man einiges über die Buchstabenformen dieser Schrift wissen.

Die Kleinbuchstaben (Minuskeln, Gemeine)

Die Zeichen b, f, j, l, o und ß unterscheiden sich nicht oder kaum von der heute gebräuchlichen Normalschrift. Sie sind also mit den lateinischen Lettern identisch.

Das deutsche Alphabet der Kleinbuchstaben hat — ob gedruckt (Fraktur) oder geschrieben (Kurrent) — gegenüber der Normalschrift (Antiqua) einen Buchstaben mehr. Daran muß man sich beim Lesen gewöhnen: Für das s gibt es zwei verschiedene Zeichen, das »lange« und das »runde« s, letzteres auch »Schluß-s« genannt (vgl. S. 13, A und C). Die Mehrzahl der Deutschen hat die Regeln, nach denen dieser Konsonant in der Schrift durch zwei verschiedene Zeichen darzustellen ist, schon vergessen. Druckbeispiele und Texte im Vor- und Nachspann von Fernsehsendungen zeigen dies. Sie seien daher an dieser Stelle aufgeführt.

a) Das »lange s« — vor einem Vokal stets ein stimmhafter Konsonant — gehört an den Anfang eines Wortes oder einer Silbe.

b) Das »runde s« oder »Schluß-s« findet sich nur am Wort- oder Silbenende. Es ist ein stimmloser Konsonant.

c) Die Buchstabenverbindungen (Ligaturen) sch, sp, st und die Verdoppelung ss erfordern stets das »Lang-s«.

d) Stehen s und ch, s und p sowie s und t nicht als Ligatur, so ist das s nach Regel b) ein »Schluß-s« (z. B. Häus-chen, Has-pel, Volks-tum)

Einige Beispiele bringt die nebenstehende Übersicht, aus der auch die korrekte Anwendung der beiden s in der Fraktur hervorgeht.

Eine nur in deutschen Texten vorkommende Buchstabenverbindung ist das ß. Es fällt auf, daß die seit 1941 übliche lateinische Normalschrift diese Ligatur aus den Zeichen Lang-s und z der deutschen Kurrentschrift übernommen hat. Die bis dahin in der lateinischen Schrift übliche (scheinbar) aus dem deutschen h und dem lateinischen s zusammengesetzte Form erschien für eine Übernahme in die Normalschrift offenbar ungeeignet.

Fraktur	Kurrent
a. ſo, ſagen, leſen, Roſe, Häuſer, Pilſener	a. ſo, ſagen, leſen, Roſe, Häuſer, Pilſener.
b. es, als, ausgehen, Haus. Pils. Moos.	b. es, als, ausgehen, Haus, Pils, Moos.
c. ſchon, Wunſch, ſpät, erſpähen, ſtatt, erſt, feſt, müſſen, faſſen.	c. ſchon, Wunſch, ſpät, erſpähen, ſtatt, erſt, feſt, müſſen, faſſen.
d. Röschen, Häuschen, Haspel, Volkspartei, Hausſegen, Endſpurt, austrocknen, Volksſport, Haustür, Ausſteuer.	d. Röschen, Häuschen, Haspel, Volkspartei, Hausſegen, Endſpurt, austrocknen, Volksſport. Haustür, Ausſteuer.

Die Großbuchstaben (Majuskeln, Versalien)

Hier sind nur J, L und O mit der Normalschrift identisch. Alle anderen Formen muß man sich einprägen. Dabei ist anzumerken, daß handschriftliche Eigenarten vieler Schreiber oft das Bild der Großbuchstaben mehr oder weniger variieren.

Eine ältere Schreibweise

In Schriftstücken aus der Zeit der Jahrhundertwende und früher ist häufig eine Variante des langen s zu beobachten (vgl. nebenstehende Abbildung, C). Heribert Sturm sagt dazu: »*Ein* Buchstabe änderte als letzter im kurrenten Alphabet seine bisherige, weit mehr als auf ein Jahrtausend zurückreichende Form, das lange S.«[5] Er verschwand erst, als jene Menschen, die seinen Gebrauch einst noch in der Schule erlernt hatten, die Feder endgültig aus der Hand gelegt hatten. Da das f dem langen s ähnlich ist, unterlag das Doppel-f derselben Entwicklung wie das Doppel-s. Daß die Ligaturen sch, sp und st sowie das Zeichen ß anfangs jener Schreibweise angepaßt blieben, ist verständlich.

Das Übungsmaterial

Kommen wir zum eigentlichen Thema. Wer sich die Grundformen der deutschen Kurrentschrift und die Varianten aus nebenstehender Abbildung eingeprägt hat, kann mit den Leseübungen beginnen. Decken Sie zunächst die linke Seite mit den Auflösungen ab. Versuchen Sie, die Worte zügig zu lesen. Dabei sollte es nicht darauf ankommen, immer oben zu beginnen. Entziffern Sie jedes Wort, auf das Ihr Auge gerade fällt. Machen Sie zwischendurch kleine Pausen, damit Sie am Ende den Inhalt nicht auswendig kennen. Wenn Sie in der Lage sind, eine Übung zügig zu »lesen«, gehen Sie zum nächsten Text über.

Die Leseübungen 1 bis 8 sind, wie leicht zu erkennen, von ein und derselben Hand geschrieben. Das ist mit Absicht geschehen. Wenn man eine individuelle Handschrift zügig lesen kann — also auch ihren Inhalt geistig erfaßt —, wird man in der Lage sein, sich ohne große Mühe in andere Handschriften einzulesen.

Alphabet mit Varianten und Ligaturen

A.

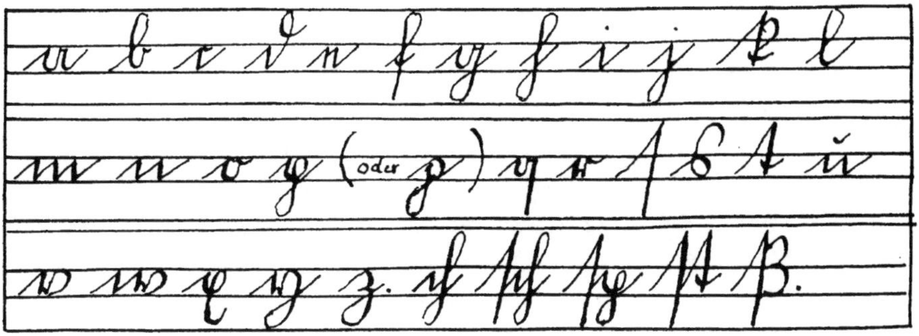

B.

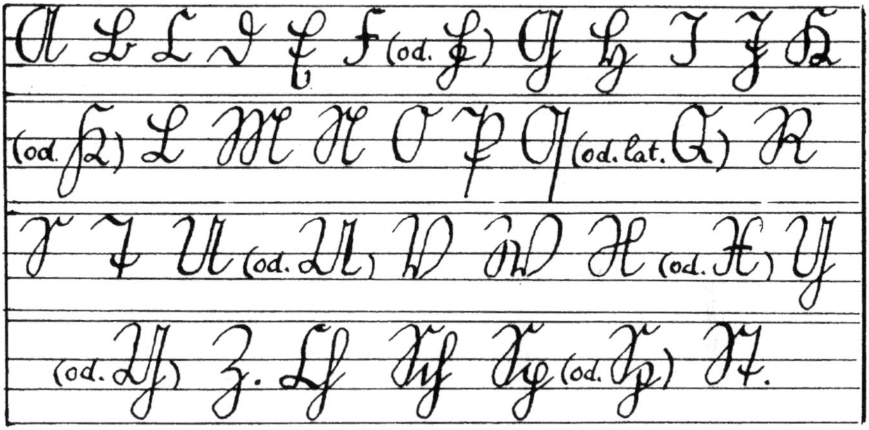

C.

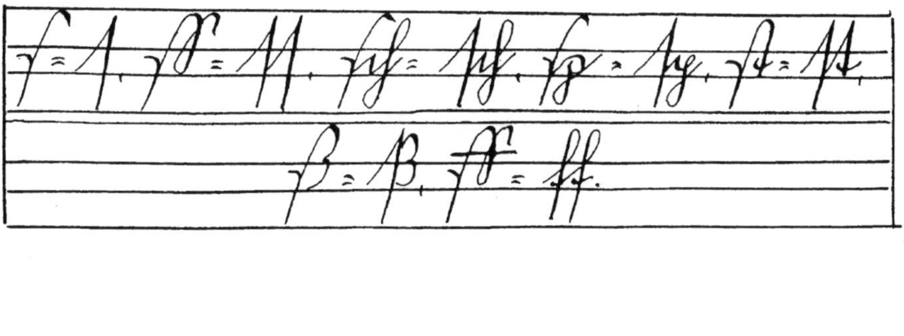

Anfangs (Übung 1 und 2) sind die Wörter möglichst sauber geschrieben. Ich sage, »möglichst« sauber, und füge hinzu, daß eine gelegentlich auftretende Undeutlichkeit gewollt ist. In Nr. 1 werden Sie nur Schriftproben mit Kleinbuchstaben finden. Hier handelt es sich um Einzelwörter, die gedanklich in keinem Zusammenhang zueinander stehen. Eine Wiederholung einzelner Wörter kann möglich sein. Die Lektion besteht aus drei Seiten, um auch hier das Auswendiglernen zu verhindern.

Für die zweite Übung gilt dasselbe wie für die erste. Sie ist fünf Seiten stark und enthält nur Hauptwörter. Bleiben Sie so lange bei den Übungen 1 und 2, bis Sie die Seiten zügig und ohne zu stocken herunterlesen können. Die Großbuchstaben dürften Ihnen jetzt keine Schwierigkeiten mehr machen. Wenn das der Fall ist, haben Sie schon viel geschafft.

Eine gute Hilfe, sich mit der Kurrentschrift vertraut zu machen, ist der Versuch, einzelne Wörter abzuschreiben. Sie brauchen nicht ganze Seiten zu kopieren, sondern nur bestimmte, persönlich ausgesuchte Wörter, z. B. die anfangs schwer lesbaren. Sie sollen nicht zum Schreiben animiert werden. Doch ab und zu einmal Gelesenes selbst aufzuzeichnen, fördert die Lesefähigkeit beträchtlich, auch wenn das Ergebnis den Schreibkünsten eines ABC-Schützen ähnelt.

Die Leseübung 3 ist als Ergänzung zu den Übungen 1 und 2 gedacht. Sie soll mit einer Orthographie bekannt machen, wie sie in Schriftstücken des 19. Jahrhunderts — bei damals schon älteren Schreibern auch des frühen 20. Jahrhunderts — gebräuchlich war. Diese vom heutigen Schriftbild abweichende Rechtschreibung dürfte besonders denjenigen Schwierigkeiten bereiten, deren Schreib- und Lesefertigkeit auf der schulischen »Ganzwortmethode« beruht.

Im Grunde gehört Übung 3 zu den Übungen 1 und 2, da auch hier nur einzelne Wörter zu finden sind. Man lese jetzt also wahllos in den drei Abschnitten und wird zufrieden sein, wenn alles fehlerfrei und fließend entziffert wird.

Übung Nr. 4 bringt geschlossene Sätze. Es handelt sich hier um einige Passagen aus einem um 1982 erschienenen Lehrbuch[6] für gutes Deutsch. Bei der Niederschrift dieser Sätze war eine stärkere Schreibflüchtigkeit eingeplant. Man kann sie dem Übenden mit Sicherheit zumuten, wenn er das Ziel der Übungen 1 bis 3 erreicht hat.

Die Übungen 5 bis 8 sind erheblich umfangreicher. Hier war meine Absicht, Sie mit einem geschlossenen Text zu konfrontieren, um Sie beim

Lesen auch dessen Inhalt erfassen zu lassen. Erfahrungsgemäß werden beim Üben die einzelnen Wörter einer zusammenhängenden Darstellung zwar richtig gelesen, ihr Inhalt aber ist am Ende nicht in das Bewußtsein gedrungen. Ihnen wird es beim ersten Versuch ähnlich ergehen. Doch vielleicht bewahrt Sie der von inzwischen bekannter Hand geschriebene Text vor einer solchen Erfahrung.

Damit nun der Gesamtinhalt einen Anreiz bietet, ihn wirklich zu »lesen« und nicht nur einzelne Wörter zu »entziffern«, habe ich einiges ausgesucht, was nicht gar zu »trocken« oder uninteressant sein mag. So ist die Leseübung 5 eine Niederschrift aus der Zeit um 1850[7]. Der Wortlaut blieb unverändert, die Rechtschreibung ist jedoch der heutigen angepaßt, um den Übenden nicht zu verwirren oder zu verunsichern.

Die Lesübung 6 bringt ein Kapitel aus einem kleinen Roman[8] von Hermann Löns, wie er im Jahre 1922 gedruckt worden ist. Bei diesem Abschnitt müßten Sie feststellen, daß sich Ihre Lesekunst bereits gefestigt hat.

Kommen wir zu den Übungen Nr. 7 und 8. Sie sollen mit der Schreibweise des 19. Jahrhunderts vertraut machen. Beide Texte stammen aus Büchern, die 1824 bzw. 1825 gedruckt worden sind. Nr. 7 ist einer historischen Darstellung[9] und Nr. 8 einem mathematischen Werk[10] entnommen. Beide Abschriften entsprechen in Wortlaut und Rechtschreibung den Originalen. Man muß sich hier also an die Orthographie gewöhnen, wie sie sich in Handschriften des gesamten 19. Jahrhunderts darbietet. In manchen Fällen mag man mit »Ganzwort«-Lesen keinen Erfolg haben. Man muß sich schon bewußt machen, daß Wörter aus Einzelbuchstaben bestehen.

Mein Vorschlag geht dahin, die Übungen 7 und 8 in Intervallen durchzunehmen. Ich bin überzeugt, daß man das Hauptziel dieser Lesefibel erreicht hat, sobald man diese Texte fließend und ohne zu stocken lesen kann und dabei den Gesamtinhalt versteht. Jetzt kann man seine Kenntnisse an Handschriften anderer Personen festigen. Zu diesem Zweck hat der Leser die Übungen Nr. 9 bis 15 zur Verfügung. Versuchen Sie, das bisher Gelernte hier anzubringen. Jedes Beispiel ist von einer anderen Persönlichkeit geschrieben worden. Alle Vorlagen stammen aus dem 19. Jahrhundert. Selbstverständlich handelt es sich hier noch um verhältnismäßig sauber geschriebene Texte. An schwer entzifferbare Handschrift sollte man sich in diesem Stadium noch nicht heranwagen. Wer sich allerdings vor etwas »Augenfutter« nicht scheut, möge sich der Beispiele im Anhang bedienen.

Ich habe davon abgesehen, an dieser Stelle Schriftproben aus dem 20. Jahrhundert anzufügen. Der Grund ist, daß eine solche Sammlung bereits im Druck existiert[11]. Es mag genügen, wenn ich auf jene Arbeit hinweise. Jedermann kann sie zu einem mäßigen Preis erwerben oder auch in einem öffentlichen Archiv oder einer Bibliothek einsehen bzw. entleihen.

Zum Schluß sei mir noch ein Rat gestattet: Die beigefügten Textübertragungen sollte man möglichst nur zur Kontrolle des eigenen Könnens benutzen und nicht schon vor Übungsbeginn durchlesen.

Literaturhinweise

1 a) Sturm, Heribert, Unsere Schrift, Neustadt/Aisch 1961;
b) Brandi, Karl, Unsere Schrift, Göttingen 1911;
c) Brandi, Karl, Ausgewählte Aufsätze . . ., Oldenburg, Berlin 1938, S. 53—63;
d) Jensen, Hans, Die Schrift in Vergangenheit und Gegenwart, Berlin (Ost) 1969;
e) Grund, Paul Arnold, Leseschlüssel zu unserer alten Schrift, Görlitz 1935 (= Sippenbücherei, 10/11);
f) Gladt, Karl, Deutsche Schriftfibel, Graz (1976);
g) Arnswald, Werner Konstantin, Handschriftenkunde, Leipzig 1925 (Neudruck 1978) (= Praktikum für Familienforscher, 12).

2 Sturm, Heribert, Unsere Schrift, S. 113 ff.

3 Meyers Enzyklopädisches Lexikon, Mannheim usw. 1978, Bd. 23, Stichwort *Sütterlin*.

4 Runderlaß des Reichsministers für Wissenschaft, Erziehung und Volksbildung v. 12. 8. 1941, in: Deutsche Wissenschaft, Erziehung und Volksbildung, 1941, S. 314; Runderlasse dto. vom 1. 9. 1941, in: ebd. S. 332 u. 334.

5 Sturm, Heribert, Unsere Schrift, S. 114 ff.

6 Schneider, Wolf, Deutsch für Profis, Stuttgart u. München ca. 1981.

7 Entnommen aus: Bremen in der Erzählung, hrsg. v. H. Kasten, Bremen 1946, S. 200—211.

8 Löns, Hermann, Die Häuser von Ohlenhof. Der Roman eines Dorfes, Hannover 1922, S. 21—24.

9 Kobbe, Peter v., Geschichte und Landesbeschreibung der Herzogthümer Bremen und Verden, Teil 2, Göttingen 1824, S. 118—124.

10 Schellenberg, Johann Philipp, Das Ganze der Rechenkunst, oder gründliche und faßliche Anweisung zum Rechnen für alle Stände . . ., Bd. 2, Erfurt 1825, S. 90—92.

11 Dülfer, Kurt, und Hans-Enno Korn, Schrifttafeln zur deutschen Paläographie des 20. Jahrhunderts, Heft 1 und 2, Marburg 1967 (= Veröffentlichungen der Archivschule Marburg, 2).

German Script
A textbook for an Obsolete Running Hand

Problems

In case we do believe the media the young generation's interest in German history has been increasing for some time. This may also be observed with the historical complementary sciences (i.e. genealogy, heraldry, measurements etc.). Unfortunately, one fact hinders the progress: You must study handwritten records. We find these records in archives as well as in private collections like letters, diaries etc. written by our antecedents in a now obsolete hand. As far as official papers are concerned they show this obsolete writing until the most recent past even until the present. Many typewritten scripts bear marginal notes by persons using these letters.

Everybody knows that the named style has been banished from schools for a lot of years. Therefore many Germans are incapable of reading such texts. The consequence will be that private documents of this kind run the risk of being destroyed. Nowadays the 54-year old people cannot write or read this script. At the end of the century the 65-year old Germans will not be able to do it. And what is more, the number of individuals mastering the rules and being able to render assistance will slowly drop down to nothing except for archive staff.

These difficulties do not affect our fellow citizens only. For lots of years ever increasing numbers of foreigners have been attending German public archives. They search for information about antecedents who had emigrated from this country and the language area a long time ago. Although versed in our language their efforts may be paralyzed by difficulties in reading. Therefore it seems to be necessary to give some information for all those foreign and German people interested in reading our obsolete running hand.

Some Notes about the »German Running Hand«

The German alphabet developed between the 16th and 18th century. Several textbooks about this theme have been published[1]. My intention is to handle the 19th and 20th century. So I restrict myself to recommending those books to all interested people. Additionally, it must be noted that Heribert Sturm[2] describes the first half of the 19th century at some length and backs up his exposition with a lot of examples.

Handwriting in ink changed essentially after Mr. Perry and Mr. Wise, two Englishmen, had invented the steel pen about 1830. Within a short period these pens replaced the quills in Germany and elsewhere with a remarkable consequence: In primers for the youngsters the letters appeared with thin upstrokes and thick downstrokes. School beginners had to observe these rules exactly in the following 70 to 80 years although grown-ups developed »individual« writing styles later on. This refers especially to civil servants, because they enlarged the records in archives essentially.

As late as the 1920s teaching staffs went on fighting for a correct handwriting — even in secondary schools — yet without any success. In the meantime the fountain pen had entered the class-rooms though rejected by most of the teachers. They couldn't prevent its use and the thin up — and the thick downstroke disappeared in schools very soon.

At the same time a commercial artist caused a stir although he had died seven years before. Ludwig Sütterlin (1865—1917) had developed a simple German script with steep letters and no flourishes at all. Of course, the »Sütterlin Script» as it was called was more suited for a child's hand than the usual type. After the period of inflation (1920—1923) a number of elementary schools started lessons in teaching this rather unattractive Sütterlin Script in 1924.

In 1935 the »German Script« became official subject in all German schools[3]. Although Sütterlin's invention was the basis of this style the steep letters were now changed to an oblique position. This system, however, was not taught longer than six years. On January 3rd, 1941, the press as well as the printing offices had been directed to use the »Antiqua-Script« in all publications. These italic types replaced the gothic letter used until 1941. The same happened to the cursive hand. The school year 1941 (in September) started with the »Normal Hand« as it was called consisting of italic letters[4]. The children did not learn the «German Running Hand» any longer and the »Normal Hand« has been taught since then.

The Object of the Exercises

We need not pay any attention to the systems »Sütterlin« and »German Script« in this booklet. But the knowledge of the obsolete »Running Hand« seems to be important, for it was an evident part of school instructions up to the 1930s, that means for about 100 years. We see this hand in most archive records as well as in old family papers. If you are able to read this script you will not meet with any difficulties when seeing the systems »Sütterlin« or »German Script«. By the way, you will find the latter ones only in copybooks »stored up in lofts« and scarcely in public archives.

The German Running Hand

Before you start reading it might be wise to gather some knowledge about the letter-face of this hand. Page 13 shows the alphabet of small and capital letters (box A and B). A third box (C) contains some obsolete letter combinations (ligatures).

The »Small Letters«

The characters b, f, j, l, o, and ß do not or scarcely differ from our modern hand. They correspond with the italic alphabet. In the German alphabet there is one additional letter. For the consonant »s« two characters were used called »long s« and »round s« or »final s«. Meanwhile the majority of Germans has forgotten that two signs were used for one consonant. You can see examples for that in printed texts or credit titles of TV stories written in gothic letters. Therefore the correct rules are recorded here:

Fraktur	Kurrent
a. ſo, ſagen, leſen, Roſe, Häuſer, Pilſener	a. ſo, ſagen, leſen, Roſe, Häuſer, Pilſener.
b. es, als, ausgehen, Haus, Pils, Moos.	b. es, als, ausgehen, Haus, Pils, Moos.
c. ſchon, Wunſch, ſpät, erſpähen, ſtatt, erſt, feſt, müſſen, faſſen.	c. ſchon, Wunſch, ſpät, erſpähen, ſtatt, erſt, feſt, müſſen, faſſen.
d. Röschen, Häuschen, Haspel, Volkspartei, Hausſegen, Endſpurt, austrocknen, Volksſport, Haustür, Ausſteuer.	d. Röschen, Häuschen, Haspel, Volkspartei, Hausſegen, Endſpurt, austrocknen, Volksſport, Haustür, Ausſteuer.

a) »Long s« — voiced consonant against a vowel — must be used as an initial letter of a word or syllable.
b) »Round s« stands at the end of a word or syllable. It is a voiceless consonant.
c) The letter combinations (ligatures) sch, sp, st, and the double ss require a «long s».
d) If s and ch, s and p, and s and t do not form a ligature, a »round s« must be written according to rule b) (for instance »Häus-chen«, »Volkstum«).

Examples are found on page 20 showing a synopsis, from which the correct use of the two »s« in printing may also be seen.

A special letter combination which only exists in German scripts is the »ß«. It should be pointed out that the »Normal Hand« adopted its face from the former »German Running Hand« (see page 22 box A and C). The italic type (seemingly composed of a German h and an italic s) was obviously unsuited for the new normal hand.

The »Capital Letters«

Here only J, L, and O correspond with the Normal Hand. All other letters must be learned. Furthermore you are to understand that many writers varied the face of their capital letters in their individual handwriting. Special knowledge can be gained from practice only.

An Obsolete Letter Face

In papers from the turn of the century and earlier you find a variant of the »long s« (see page 22 box C). Heribert Sturm[5] wrote »One letter changed its old face — used for more than 1000 years — as the last one in the cursive alphabet, the »long s«. The letter did not perish in any records before people who had learned it at school put away their pens once and for all.

The small f is very similar to the »long s«. Therefore the double ff depended on the development of the double ss. You see it on page 22 box C. So it can be understood that sch, sp, st, and ß had been adjusted to the same practice.

Alphabet with Variants und Ligatures

A.

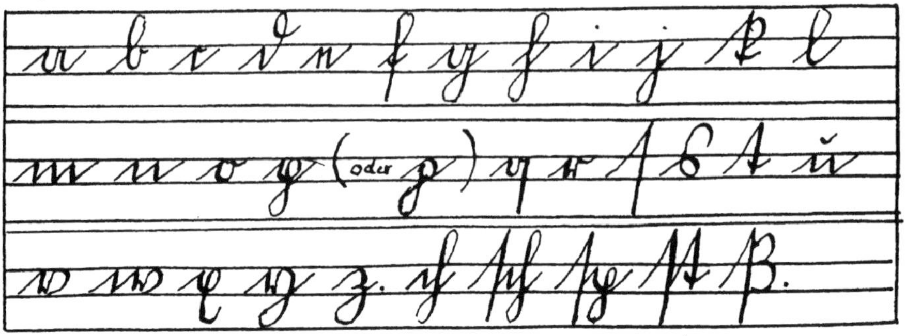

B.

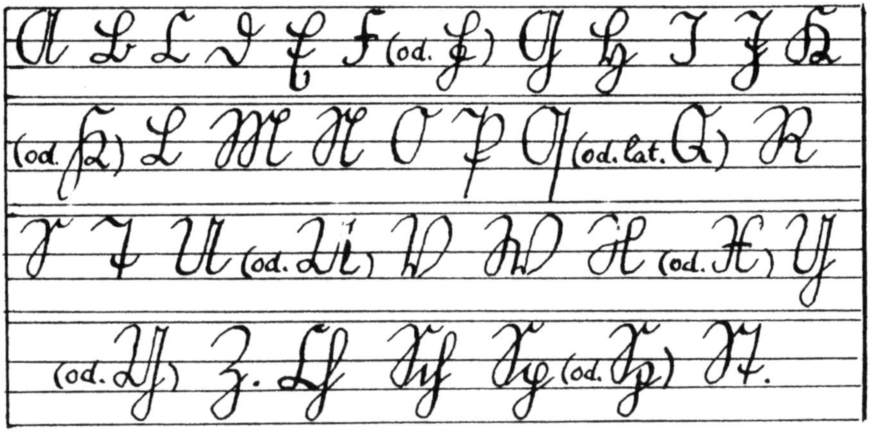

C.

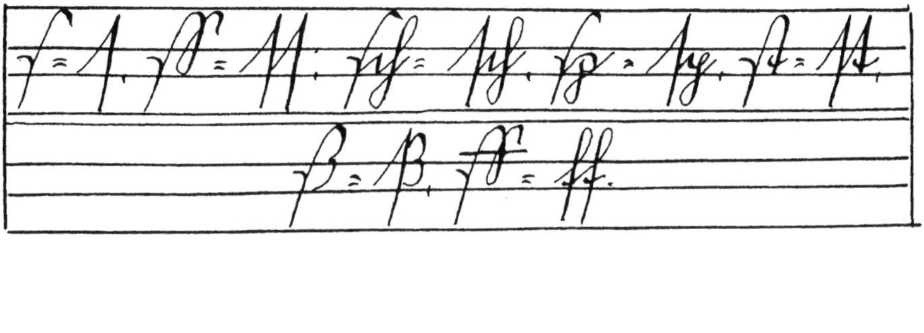

Reading Materials

Now we have to handle the actual topic of this booklet. If you have really dealt with the basic forms of the German Running Hand (page 22) and if you have larned the explanations, you should start your reading exercises. Begin with No. 1, please. Cover the printed text on the left page and try to read the words fluently. It is not necessary to start at the top of the page. Read each word striking your eye. Make short pauses in order to avoid learning the contents by heart. As soon as you are able to read the three pages fluently you may pass on to the next chapter.

You will easily find out that the exercises No. 1 to 8 were written by one hand. This was done on purpose. In case the student can read one individual script fluently — including a full understanding of its contents (!) — he will easily be capable of learning other persons' hands.

In the exercises No. 1 and 2 the words have been written as clearly as possible. I say so because some carelessness has been done wilfully. No. 1 shows words in small letters only and single words may appear twice in this chapter.

Exercise 2 should be handled in the same way as No. 1. Its five pages contain only nouns. I think you know that nouns are written with a capital initial letter in German.

You should stay with exercises No. 1 and 2 as long as you meet with difficulties in reading. When you don't have any problems in reading the capital letters, you have done a fine job.

A very good help to make oneself familiar with our »Running Hand« is to copy words or single sentences. You need not copy whole pages but any selected words which you have difficulties with. I do not try to stimulate you to write a German script. But the idea mentioned before will surely advance your efforts, even if the result might look like the hand of a school beginner.

Exercise No. 3 is an additional page to 1 and 2. It is to make you known with an orthography used in scripts of the 19th century. Old people wrote it still in the early 20th century. I suggest reading in all three chapters indiscriminately. You will be content when all trials prove a fluent and correct deciphering.

With exercise No. 4 we start reading full sentences. Here you see some passages taken from a textbook for professionals at German published in 1982[6]. Some carelessness in faces has been planned. I think you will master it if you have reached the aim of the former exercises.

Chapters No. 5 to 8 are more extensive than the former ones. My plan was to give you a full text hoping that you will understand what you read. Experience showed that students did not get the meaning of a sentence, although they had read the single words correctly. The meanwhile well-known handwriting may protect you from such experience.

I selected some stories which are not too dull or boring and I wanted to induce you to read and not to decipher single words only. So exercise No. 5 is a tale from about 1850[7]. Its style corresponds with texts of that time. The orthography, however, has been transcribed into modern use in order to avoid any »rattle«.

Exercise No. 6 is one chapter of a »village novel« by Hermann Löns printed in 1922[8]. When reading it you will note that your skill has settled very much.

Let us now regard exercises No. 7 and 8. They are to make you conversant with the mentioned obsolete orthography. Both examples have been taken from books printed in 1824 and 1825 respectively. No. 7 is a historical exposition[9] and No. 8 gives some details of banking business[10]. Both chapters correspond to style and orthography of the original text. So you will get accustomed to scripts of the whole 19th century.

Now, I should suggest to read chapters 5 to 8 in intervals, one today, one tomorrow, and so on. When being able to read all these texts fluently with a full understanding of their contents you have attained the purpose of this textbook. You may start reading other people's hand now. The enclosed scripts No. 9 to 15 are such examples. They are to prove your knowledge, and I hope you will not hesitate any longer. Each of these scripts was written by another individual, and each piece dating from the 19th century shows a neat hand.

At this stage you should not dare to decipher difficult handwritings. Wait until you will be more secure in reading other person's scripts. If you think it is so, please, give attention to the supplementary. Those examples will probably not try your eyes too much.

I refrained from enclosing 20th century examples in this booklet, because such a collection is already available[11]. It may be enough to point to this book because everyone may buy it at a moderate price. Furthermore, it is held at everybody's disposal in public archives and libraries.

Herewith, I come to an end. Please, allow some advice: The transcriptions of the exercises No. 1 to 18 are destined for the control of your personal knowledge only. You shouldn't read them beforehand.

Literaturhinweise

1 a) Sturm, Heribert, Unsere Schrift, Neustadt/Aisch 1961;
b) Brandi, Karl, Unsere Schrift, Göttingen 1911;
c) Brandi, Karl, Ausgewählte Aufsätze . . ., Oldenburg, Berlin 1938, p. 53—63;
d) Jensen, Hans, Die Schrift in Vergangenheit und Gegenwart, 3rd edition, Berlin (East) 1969;
e) Grund, Paul Arnold, Leseschlüssel zu unserer alten Schrift, Görlitz 1935 (= Sippenbücherei, 10/11);
f) Gladt, Karl, Deutsche Schriftfibel, Graz (1976);
g) Arnswald, Werner Konstantin, Handschriftenkunde, Leipzig 1925 (Reprint 1978) (= Praktikum für Familienforscher, 12).

2 Sturm, Heribert, Unsere Schrift, p. 113 ff.

3 Meyers Enzyklopädisches Lexikon, Mannheim etc. 1978, vol. 23, entry *Sütterlin*.

4 Circular of the Reich Minister for Science, Education and National Education from August 12th, 1941, in: Deutsche Wissenschaft, Erziehung und Volksbildung, 1941, p. 314; Circular dated Sept. 1st, 1941, in likewise p. 332 and p. 334.

5 Sturm, Heribert, Unsere Schrift, p. 114 ff.

6 Schneider, Wolf, Deutsch für Profis (it means German for Professionals), Stuttgart and München ca. 1982.

7 Taken from: Bremen in der Erzählung, ed. by H. Kasten, Bremen 1946, p. 200—211.

8 Löns, Hermann, Die Häuser von Ohlenhof. Der Roman eines Dorfes, Hannover 1922, p. 21—24.

9 Kobbe, Peter von, Geschichte und Landesbeschreibung der Herzogthümer Bremen und Verden, part 2, Göttingen 1824, p. 118—124.

10 Schellenberg, Johann Philipp, Das Ganze der Rechenkunst, oder gründliche und faßliche Anweisung zum Rechnen für alle Stände . . ., vol. 2, Erfurt 1825, p. 90—92.

11 Dülfer, Kurt, and Hans-Enno Korn, Schrifttafeln zur deutschen Paläographie des 20. Jahrhunderts, vol. 1 and 2, Marburg 1967 (= Veröffentlichungen der Archivschule Marburg, 2).

Leseübungen

Abschriften

Originalschriften

Anhang

Leseübung 1

man, der, ein, wer, wie, von,

aber, jetzt, jeder, warum, sein, ist,

was, solch, wieder, durch, dies, dieses,

deshalb, darum, einander, haben, so,

wollen, weswegen, sind, hatten, ihr,

seit, lachen, mancher, müssen, links,

muß, lebenswert, kommen, schreiben,

stehen, denken, danken, abfinden,

durcheinander, schlank, würde, dunkel,

viel, ausstatten, wachsen, erreichen,

hell, berücksichtigen, bis, schmunzeln, heil,

betreffen, überschätzen, entbehrlich, berichten,

andernfalls, blicken, aufhören, freudig, wie,

gehen, traurig, irgendwo, gegenüber,

zusammensetzen, verkennen, bedanken,

hervorheben, halten, schamhaft, saß, daß,

lebendig, heißen, hereinkommen, groß,

einsam, erreichen, schauderhaft, als,

damit, willkommen, erfolglos, nirgends,

erhebend, irgendwo, kalt, klingen, zu,

schauderhaft, deshalb, verständlich, schon,

kümmerlich, sogleich, kältester, messen,

stehen, verwenden, vorurteilslos, wie,

größter, aufklären, steigern, minder,

man, der, ein, wer, mein, von,
aber, jetzt, jeder, warum, sein, ist,
was, sich, wieder, durch, dies, dieses,
deshalb, darum, einander, haben, so,
wollen, verbringen, sind, hatten, ihr,
seit, lachen, mancher, müssen, links,
muß, lebenslang, kommen, schreiben,
stehen, denken, danken, abfinden,
durcheinander, schlank, würde, dunkel,
viel, ausstatten, waschen, erreichen,
hell, berücksichtigen, bis, schmunzeln, heil,
betroffen, überschätzen, entbehrlich, berichten,
andernfalls, blicken, aufhören, freudig, mein,
gehen, traurig, irgendwo, gegenüber,
zusammensetzen, erkennen, bedanken,
hervorheben, halten, scherzhaft, saß, daß,
lebendig, heißen, hereinkommen, groß,
einsam, erreichen, schauderhaft, als,
damit, willkommen, erfolglos, nirgends,
erhebend, irgendwo, kalt, klingen, zu,
schauderhaft, deshalb, verständlich, schon,
kümmerlich, sogleich, kältester, messen,
stehen, verwenden, vorurteilslos, mein,
größter, aufklären, steigern, wieder,

obgleich, schwerfällig, drücken, will,
augenblicklich, keinesfalls, zwischen, fiel,
kurzweilig, unterhaltsam, kleinwüchsig,
verblassen, imstande, sondern, zweimal,
weltmännisch, schmücken, sogar, prüfen,
kleinlaut, hellgrün, entbehrlich, leise,
huldvoll, durchsehen, überhaupt, weiß,
sieghaft, weitläufig, entsetzlich, blau,
ausnahmsweise, gewesen, überladen,
befinden, sehenswert, völlig, klopfen,
enthaltsam, klassisch, lesen, nüchtern, gar,
komisch, rechtschaffen, lachen, vierzig, kurz,
gewöhnlich, kaum, noch, helfen, zurück,
häuslich, vorziehen, mißtrauisch, sieben,
früher, ähnlich, ungehörig, sanft, gelb,
wohlhabend, verzeihen, feststellen, drehen,
gesundstoßen, hinausweisen, inständig,
knattern, mitteilen, lernen, pusten,
neppen, lärmen, quatschen, schädlich,
sündhaft, ortsfremd, nervenkrank, quer,
plaudern, rechtfertigen, schädlich, singen,
spitzfindig, trockenlegen, untergehen, fahl,
verdrossen, witzeln, zumal, selbstbewußt,
zurechnungsfähig, rattern, paffen, örtlich,
wirtschaften, rastlos, fadenscheinig, heikel,

obgleich, schwerfällig, drücken, will.
augenblicklich, keinesfalls, zwischen, fiel.
kurzweilig, unterhaltsam, kleinwüchsig,
verblassen, imstande, sondern, zweimal,
weltmännisch, schmücken, sogar, gähnen,
kleinlaut, hellgrün, entbehrlich, leise,
huldvoll, durchsehen, überzeugt, weiß,
singhaft, weitläufig, entsetzlich, blau,
ausnahmsweise, genesen, überladen,
befinden, sehenswert, völlig, klopfen,
enthaltsam, klassisch, lesen, nüchtern, gar,
komisch, verschaffen, lachen, winzig, kurz,
gewöhnlich, kaum, noch, helfen, zurück,
häuslich, erziehen, misstrauisch, sieben,
früher, ähnlich, ungehörig, sanft, gelb,
wohlhabend, verzeihen, feststellen, drehen,
gesundstoßen, hinausweisen, inständig,
knattern, mitteilen, brennen, gießen,
ungern, kämmen, quatschen, schädlich,
sündhaft, rotsehend, unverwandt, quer,
plaudern, verfertigen, schädlich, singen,
spitzfindig, trockenlegen, untergehen, fast,
verdrossen, witzeln, zumal, selbstbewusst,
zurechnungsfähig, wettern, gaffen, örtlich,
wirtschaften, wertlos, fadenscheinig, heikel,

enterben, darlegen, abhängig, bohnern,
eigenartig, fernhalten, bodenlos, frei,
glorreich, gesund, umsorgen, zweischneidig,
kitzlich, hochheben, aufbrausend, unverletzt,
verfänglich, warten, hitzköpfig, beistehen,
wärmen, versteckt, heimbringen, leisten,
ehelichen, aufgeheitert, eilig, zweckmäßig,
strahlend, erregt, entlassen, instandsetzen,
anordnen, einstellen, besuchen, aufsitzen,
hervortreten, schön, querfeldein, anrichten,
würzig, beschönigen, nörgeln, hinbiegen,
draußen, schwach, boxen, verscheuchen,
diktieren, vertreten, gestatten, hurtig,
nacheinander, verdunkeln, entwurzeln,
verschlagen, zartfühlend, heimkehren, aber,
folgen, erwischen, aufschrecken, glätten,
sauber, unbeachtet, strafen, liegenlassen,
umziehen, reinigen, ausbessern, klar,
verschlafen, abdecken, gleichsetzen, blaß,
durchhalten, krankhaft, innewohnend,
gleichsetzen, übereinstimmend, schließlich,
riesengroß, diabolisch, ärgerlich, horrend,
befallen, hochfahrend, verschleiern, gesund,
überraschend, persönlich, vielfältig, plump,
krumm, erfinderisch, oberflächlich, rauh.

enterben, darlegen, abhängig, bohnern, eigenartig, herhalten, bodenlos, frei, glorreich, gesund, umsorgen, zweischneidig, kitzlich, hochheben, aufbrausend, unverletzt, verfänglich, warten, hitzköpfig, beistehen, wärmen, versteckt, heimbringen, bersten, ehelichen, aufgeheitert, eilig, zweckmäßig, strahlend, erregt, entlassen, instandsetzen, anordnen, einstellen, besuchen, aufsitzen, hervortreten, schön, querfeldein, anrichten, würzig, beschönigen, nörgeln, hinbringen, draußen, schwach, biegen, verscheuchen, diktieren, verlauten, gestatten, hastig, nacheinander, verdunkeln, entwurzeln, verschlagen, zartfühlend, heimkehren, über, folgen, erweichen, aufschrecken, glätten, sauber, unbeachtet, strafen, liegenlassen, umziehen, reinigen, ausbessern, klar, verschlucken, abdecken, gleichsetzen, blaß, durchhalten, krankhaft, innewohnend, gleichsetzen, übereinstimmend, schließlich, riesengroß, diabolisch, ärgerlich, hörend, befallen, hochfahrend, verschleiern, gesund, überraschend, persönlich, einfältig, glumm, krumm, erfinderisch, oberflächlich, rauh.

Leseübung 2

Besen, Trick, Rat, Stunde, Aal, Regel, Eid,

Auge, Sonne, Akte, Baum, Mond, Anfang,

Blut, Handlung, Tatkraft, Verlogenheit,

Uhr, Redakteur, Nase, Damm, Esel, Haut,

Lesebuch, Blatt, Ohr, Tat, Cäcilie, Daumen,

Treue, Mund, Stern, Eigentum, Figur,

Guthaben, Insel, Gehör, Horn, Erbarmen,

Krone, Herz, Leben, Gang, Plan, Holz, Weg,

Stadt, Opium, Fräulein, Gruppe, Ölpreis,

Kindergarten, Iltis, Sage, Rang, Klasse,

Vergangenheit, Größe, Kummer, Balken,

Wunsch, Blitz, Salz, Titel, Pause, Tod,

Haus, Hafen, Nummer, Schatten, Lob,

Grenze, Pfanne, Hilfe, Text, Meister, Rum,

Bauplatz, Ceder, Firma, Etage, Gipfel,

Burg, Tätigkeit, Schneefall, Krummstab,

Liter, Märchen, Bär, Staat, Familie,

Land, Flugzeug, Winter, Nordpol, Eile,

Gestalt, Mutter, Reihe, Wald, Freitag,

Mittagshitze, Sprungschanze, Geheimtür,

Querulant, Treibhaus, Meldung, Wort,

Aussage, Ehrgeiz, Schuldiger, Paßkontrolle,

Besen, Teich, Rat, Stunde, Aal, Regel, Eid.
Auge, Sonne, Alte, Baum, Mond, Anfang,
Blut, Handlung, Petkraft, Verlegenheit.
Uhr, Redakteur, Nase, Damen, Esel, Haut,
Lesebuch, Blatt, Ohr, Tat, Cäcilie, Daumen,
Treue, Mund, Stern, Eigentum, Figur,
Gutschreiben, Tafel, Gehör, Horn, Erbarmen,
Krone, Herz, Leben, Gang, Plan, Holz, Weg,
Stadt, Opium, Fräulein, Gruppe, Ölpreis,
Kindergarten, Iltis, Sorge, Rang, Klasse,
Vergangenheit, Größe, Kummer, Balken,
Wunsch, Blitz, Salz, Titel, Pause, Tod,
Haus, Hafen, Nummer, Schatten, Lob,
Grenze, Pfanne, Hilfe, Jagd, Meister, Rum,
Bauplatz, Leder, Firma, Etage, Gipfel,
Burg, Tätigkeit, Schneefall, Krummstab,
Liter, Märchen, Büro, Start, Familie,
Land, Flugzeug, Winter, Nordpol, Eile,
Gestalt, Mutter, Reise, Wald, Freitag,
Mittagshitze, Sprungschanze, Geheimtür,
Gewürzkraut, Treibhaus, Meldung, Wort,
Aussage, Ehrgeiz, Schuldiger, Paßkontrolle,

Sternschnuppe, Einflußnahme, Jugendlicher,

Maschine, Fachsprache, Schrecken, Decke, Licht,

Mitternachtssonne, Stichwaffe, Normaltarif,

Kanzleistil, Wirkungslosigkeit, Postdienst,

Vorbemerkung, Stromschnelle, Rabatt,

Akkord, Zeiger, Dummkopf, Begebenheit,

Lehrstuhl, Vorfahr, Generalversammlung,

Standhaftigkeit, Auffassungsgabe, Summe,

Gehorsamkeit, Abdankung, Vergeßlichkeit,

Sprachwissenschaft, Reiseleitung, Mitnahme,

Freundschaft, Redseligkeit, Ferienaufenthalt,

Knappheit, Lebensmittelversorgung, Risiko,

Materialbeschaffenheit, Leistungssteigerung,

Straßenbau, Unvernunft, Leserzuschrift, Luft,

Blickfang, Leichtmatrose, Zimmervermietung,

Wegeverbesserung, Schulpolitik, Volkstum,

Elementarausbildung, Personalausweis,

Soziallasten, Deutschstunde, Rechtschreibung,

Hindernis, Geldwert, Spracherziehung, Fliese,

Wohlverhalten, Hauptursache, Goldrausch,

Steuerrichtlinien, Gefahrenzulage, Fahrrad,

Redegewandtheit, Forschungsaufgabe, Kohl,

Sternschnuppen, Einflußnehmen, Jugendlicher, Maschinen, Fachsprache, Schranken, Decke, Luft, Mitternachtssonne, Nachtwache, Normaltarif, Kanzleistil, Wirkungslosigkeit, Postdienst, Vorbemerkung, Stromschnelle, Rabatt, Akkord, Zeiger, Dummkopf, Begebenheit, Lehrstuhl, Vorfahr, Generalversammlung, Standhaftigkeit, Auffassungsgabe, Summe, Gehorsamkeit, Abdankung, Vergeßlichkeit, Sprachwissenschaft, Reiseleitung, Mitnahme, Freundschaft, Redseligkeit, Ferienaufenthalt, Kargheit, Lebensmittelversorgung, Risiko, Materialbeschaffenheit, Leistungssteigerung, Straßenbau, Unvernunft, Lesezeitschrift, Luft-belieferung, Leichtmatrose, Zimmereinrichtung, Wegeverbesserung, Schulpolitik, Volkstum, Elementarausbildung, Personalausweis, Soziallasten, Deutschstunde, Rechtschreibung, Hindernis, Geldwert, Spracherziehung, Fliese, Wohlverhalten, Hauptursache, Goldrausch, Steuerrichtlinien, Gefahrenzulage, Fahrrad, Redegewandtheit, Forschungsaufgabe, Kohl,

Großstadtbewohner, Zielsetzung, Wandertrieb,

Sitzgelegenheit, Kunstwerk, Muttersprache,

Großbritannien, Selbstkritik, Wortprägung,

Amtskollege, Zunftjargon, Windhose, Laub,

Tagesschau, Stilleben, Unklarheit, Halm,

Schachtelsatz, Chance, Wissenschaftler, Silbe,

Hauptstadt, Volksbegehren, Journalismus,

Gedankenfreiheit, Wettervorhersage, Ballon,

Mittelpunkt, Gewitterschauer, Nebensache,

Betrachtungsweise, Zusammenbruch, Tor,

Klangkörper, Festzelt, Autofahrer, Deich,

Hitzewelle, Aufständischer, Binsenweisheit,

Drahtzieher, Gegenstimme, Haartrockner,

Kasten, Abgrund, Gletscherspalte, Wildbach,

Vereinigung, Flußmündung, Hexenwerk,

Interessengemeinschaft, Ortsbesichtigung,

Magistratsverwaltung, Schifferklavier,

Machthunger, Hochschulabsolvent, Totalität,

Forschungsanstalt, Zirkuskünstler, Loreley,

Handlungsvollmacht, Papierqualität, Wein,

Alltäglichkeit, Versunkenheit, Alkoholismus,

Unerfahrener, Wichtigtuer, Imponiergehabe,

Großstadtbewohner, Zielsetzung, Wandertrieb, Sitzgelegenheit, Kunstwerk, Muttersprache, Großbritannien, Selbstkritik, Wertschätzung, Amtskollegen, Zunftjargon, Windhose, Laub, Tagesschau, Stilleben, Unklarheit, Halm, Schachtelsatz, Hennen, Wissenschaftler, Silbe, Hauptstadt, Volksbegehren, Journalismus, Gedankenfreiheit, Wettervorhersage, Ballon, Mittelpunkt, Gewitterschauer, Nebensache, Betrachtungsweise, Zusammenbruch, Tor, Klangkörper, Festzelt, Autofahrer, Deich, Hitzewelle, Aufständischer, Bescheidenheit, Dorfkirche, Gegenstimme, Haartrockner, Küsten, Abgrund, Gletscherspalte, Wildbach, Vereinigung, Flußmündung, Gegenwart, Interessengemeinschaft, Ortsbesichtigung, Magistratsverwaltung, Schifferklavier, Machthunger, Hochschulabsolvent, Totalität, Forschungsanstalt, Zirkuskünstler, Belag, Handlungsvollmacht, Spitzenqualität, Wein, Alltäglichkeit, Versunkenheit, Alkoholismus, Unternehmer, Wichtigtuer, Ingenieuraufgabe,

Kreditaufnahme, Anschauung, Wertschätzung,

Zuwachs, Arbeitsverhältnis, Verhaltensregel,

Gravitation, Xanthippe, Begleiterscheinung,

Wurmfortsatz, Erschwernis, Ballettratte,

Tanzveranstaltung, Backwaren, Geländer,

Linderungsmittel, Ziegelstein, Traggestell,

Säuglingspflege, Bauvorhaben, Fundament,

Straßensperre, Bankguthaben, Moorlandschaft,

Dachsparren, Eheleute, Bazillusinfektion,

Auffassungsgabe, Behördenangestellter, Förde,

Diagnose, Reklamation, Bedeutungslosigkeit,

Tourenwagen, Gastfreundschaft, Sporthalle,

Okkupationsmacht, Kapitalanlage, Tier,

Auditorium, Höflichkeitsbesuch, Stippvisite,

Denkzettel, Bewußtseinsstörung, Leihfrist,

Überlebenschance, Trompetenspiel, Stutzer,

Zylinderhut, Erkenntlichkeit, Dachkammer,

Halbdunkel, Grünschnabel, Volksherrschaft,

Denkweise, Nachgiebigkeit, Charakter,

Passage, Eigenbrötelei, Fanatiker, Pfanne,

Gutdünken, Dienstwilligkeit, Schwarm,

Laufpaß, Starenkasten, Vergütung, Spatz,

Kreditaufnahme, Aufforderung, Wertschätzung, Zuwachs, Arbeitsverhältnis, Verhaltensregel, Gravitation, Rauchzeichen, Begleiterscheinung, Wurmfortsatz, Ersparnis, Ballettratten, Freizeitveranstaltung, Backwaren, Geländer, Linderungsmittel, Ziegelstein, Fahrgestell, Säuglingspflege, Bauvorhaben, Fundament, Straßensperren, Bankguthaben, Moorlandschaft, Dachgarten, Geläute, Bazillusinfektion, Auffassungsgabe, Behördenangestellter, Förde, Diagnose, Reklamation, Bedeutungslosigkeit, Feuerwagen, Gastfreundschaft, Sporthalle, Obligationsmarkt, Kapitalanlage, Tier, Auditorium, Höflichkeitsbesuch, Nachtzeiten, Denkzettel, Bewußtseinsstörung, Beischrift, Überlebenschance, Trompetenspiel, Nutzer, Zylinderhut, Erkenntlichkeit, Dachkammer, Halbdunkel, Grünschnabel, Volkswirtschaft, Denkweise, Nachgiebigkeit, Charakter, Passage, Eigenbrötelei, Fanatiker, Schirme, Gutdünken, Dienstwilligkeit, Schwären, Taufgefäß, Narrenkasten, Vergütung, Spatz,

Bahnhofswirtschaft, Mausefalle, Bündnis,

Dutzend, Vorname, Notwendigkeit, Seide,

Angabe, Wegweiser, Rangierbahnhof, Platz,

Verwaltungspraxis, Anschaulichkeit, Lehm,

Oberbegriff, Geflügelzucht, Lesesaal, Moor,

Baumschule, Auseinandersetzung, Weidezaun,

Resonanz, Ankleideraum, Prahlhans, Gut,

Fußnote, Dreistigkeit, Aktiengesellschaft,

Einverständnis, Spekulation, Legalität,

Fahrerlaubnis, Sachverständiger, Insasse,

Lebensversicherung, Talentsuche, Großvater,

Disziplinarstrafe, Lebenslauf, Vergangenheit,

Urlaubsziel, Wetteramt, Nachbildung, Lob,

Raubgut, Schienenverkehr, Dogmatismus,

Klatschsucht, Falsifikat, Überlandstraße,

Zähigkeit, Verteidigungsanlage, Ehrentag,

Festungshaft, Zukunfstmusik, Blutgruppe,

Heimweh, Nebensache, Reisepaß, Brief,

Jugendbewegung, Schwesterntracht, Abend,

Freiherr, Zwirnsfaden, Mädchenschule, Dom,

Goldschmuck, Heidelandschaft, Fürstentum,

Bibliothekar, Zeitvertreib, Liebhaberei.

Bahnhofswirtschaft, Mausefalle, Bündnis, Dutzend, Vorname, Notwendigkeit, Seide, Angabe, Wegweiser, Rangierbahnhof, Platz, Verwaltungsbezirk, Anschaulichkeit, Lehre, Oberbegriff, Geflügelzucht, Lesesaal, Moor, Baumschule, Auseinandersetzung, Weidezaun, Resonanz, Ankleideraum, Pachthaus, Gut, Fußnote, Dreistigkeit, Aktiengesellschaft, Einverständnis, Spekulation, Legalität, Fahrerlaubnis, Sachverständiger, Insasse, Lebensversicherung, Talentsuche, Großvater, Disziplinarstrafe, Lebenslauf, Vergangenheit, Urlaubsziel, Weltmarkt, Nachbildung, Lob, Raubgut, Schimmerwolke, Dogmatismus, Klatschsucht, Zertifikat, Überlandstraße, Zähigkeit, Verteidigungsanlage, Ehrentag, Festungshaft, Zukunftsmusik, Blutzeugen, Heimweh, Nebensache, Reisepaß, Brief, Jugendbewegung, Schwesternschaft, Abend, Freiherr, Zwirnsfaden, Mädchenschule, Dom, Goldschmied, Heidelandschaft, Fürstentum, Bibliothekar, Zeitvertreib, Liebhaberei.

Leseübung 3

Thaler, theilen, Vortheil, theuer, Thurm, Vertheidigung, Noth, Parthei, thöricht, thun, Loth, Beurtheilung, Ruthe, gethan, Rath, Thier, Eigenthum, Vorrath, Muth, nöthig, gerieth, Fluth, Thon, Röthe, Armuth, roth, Hauswirth, Miethe, Wuth, Demuth, Thatsache, Urtheil, Wirthschaft, sothane (= derartige), vorurteilsfrey, Werth, Heirath, Bisthum, Gerathewohl.

seyn, frey, zwey, einerley, freylich, May, Beyspiel, meynen, Polizey, Meyerrecht.

Factor, Product, Centner, direct, Calcül; Curs, Actie, Procent, discontiren (!), Decbr. [Abk. f. December].

formiren, reguliren, ruiniren.

Verhältniß, Ergebniß, indeß, deßfalls.

Maaß, Waare, Haabe, Schaaf, Saamen.

Thaler, Theilen, Vortheil, theuer, Thier, Vertheidigung, Noth, Parthei, thöricht, thun, Loth, Beurtheilung, Ruthe, gethan, Rath, Thür, Eigenthum, Vorrath, Muth, nöthig, gerieth, Fluth, Thor, Röthe, Armuth, roth, Hausrath, Miethe, Wuth, Demuth, Thatsache, Urtheil, Wirthschaft, sothane (= derartige), vorurtheilsfrey, Werth, Heirath, Bisthum, Gerathewohl.

seyn, frey, zwey, einerley, freylich, May, Beyspiel, meynen, Polizey, Mayerrecht.

Factor, Product, Lector, direct, Calcül, Curs, Actien, Procent, discontiren, Decbr.

formiren, reguliren, ruiniren.

Verhältniß, Ergebniß, indeß, deßhalb.

Maaß, Waare, Haabe, Schaaf, Saamen.

Hofnung, hierinn, Denkmahl, Heurath,
gieng, giebt, fodern (= fordern), Wittwe,
Klägerinn, Brod, ächt, Loos, sezen (= setzen),
lezter, nemlich (und) nehmlich,
Weisfisch, wol (= wohl), festsezen, muste,
sämmtliche, Moer, Merz, Weitzen,
schlüßig, gewust, vest, Bevestigung,
Hülfe, todt, Todtenhof, Statt (= Stadt),
nechster, Strohm, Styl, Verleyher,
Gastmahl, ehrgeitzig.

Hofnung, hinein, Denkmahl, Heimath, gieng, giebt, fodern (= fordern), Wittwen, Bürgerinn, Brod, ächt, Loos, sezen (= setzen), lezter, nemlich (und) nehmlich, Weisfisch, wol (= wohl), festsezen, müßten, sämmtliche, Meer, Merz, Weitzen, schlüßig, gewußt, erst, Berechtigung, Hülfe, todt, Todtenhof, Statt (= Stadt), nechster, Strohm, Styl, Verleger, Gastmahl, ehrgeitzig.

Leseübung 4*

Es kommt vor, daß Fremdwörter verständlicher sind als ihre deutschen Gegenstücke. Die »Adresse« ist populärer als die »Anschrift«, einen Brief »frankieren« geläufiger als ihn »freimachen«. Das Frankieren hat zudem den Vorzug, weder an das Freimachen des Oberkörpers zu erinnern noch an die ärgerliche Konstruktion, daß mein Brief »unfrei« sein soll, bis mir die Post mit Hilfe eines Wertzeichens die Gnade gewährt, ihn zu befreien. (Frankieren heißt zwar nichts anderes, aber man hört den Unsinn nicht so leicht heraus.)

»Die Sprache muß vom Leser verstanden werden, ohne Tricks, ohne Mätzchen. Das ist alles.«

Ohne Mätzchen schreiben, nicht mit Wörtern protzen, nicht auf Glatzen Löckchen drehen, — das ist eine klare Regel. Mit ihrer Befolgung wäre viel gewonnen.

* Aus: Literaturhinweise Nr. 6

Es kommt vor, daß Fremdwörter verständlicher sind als ihre deutschen Gegenstücke. Die „Adresse" ist geläufiger als die „Aufschrift", einen Brief „frankieren" gebräuchlicher als ihn „freimachen". Das Frankieren hat zudem den Vorzug, weder an das Freimachen des Oberkörpers zu erinnern noch an die ärgerliche Konstruktion, daß mein Brief „unfrei" sein soll, bis mir die Post mit Hilfe eines Wertzeichens die Gnade gewährt, ihn zu befreien. (Frankieren heißt zwar nichts anderes, aber man hört den Unsinn nicht so leicht heraus.)

„Die Sprache muß vom Leser verstanden werden, ohne Tricks, ohne Mätzchen. Das ist alles."

Ohne Mätzchen schreiben, nicht mit Wörtern protzen, nicht auf Glatzen Löckchen drehen – das ist eine klare Regel. Mit ihrer Befolgung wäre viel gewonnen.

Leseübung 5

Bremen um 1850

von Joseph Meyer

Bremen als Stadt ist gerade nicht sehr schön. An die vornehme, prätentiöse äußere Erscheinung deutscher Residenzen ähnlicher Größe ist nicht zu denken. Bremen hat Besseres. Es hat den ansprechenden Ausdruck einer frischen, kräftigen, fleißigen, frohen, behaglichen Bürgerlichkeit. Es sagt nicht: Schau' mich an und bewundere! — Aber das Gemüt heimelt's an. Es wird dem Menschen wohl in dieser Stadt, wo Ehrbarkeit, Zucht, Fleiß und Sitte neben Bildung und Weltkenntnis in so anspruchslosen Formen sich bewegen. —

Der breite Strom der Weser, welche vierzehn Meilen weiter abwärts in die Nordsee mündet, teilt Bremen in zwei Hälften von ungleicher Größe: in die Alt- und Neustadt. Aus dem bevölkerten Teile, der Altstadt, führen steinerne Brücken zum linken Ufer. . . .

Bremen um 1850
von Joseph Meyer

Bremen als Stadt ist gerade nicht sehr schön. An die vornehmen, grandiöse äußere Erscheinung deutscher Residenzen ähnlicher Größe ist nicht zu denken. Bremen hat Bestand. Es hat den ansprechenden Ausdruck einer frischen, kräftigen, fleißigen, frohen, behaglichen Bürgerlichkeit. Es sagt nicht: Schau' mich an und bewundere! – Aber das Gemüt heimelt's an. Es wird dem Menschen wohl in dieser Stadt, wo Erwerbslust, Zucht, Fleiß und Sitte neben Bildung und Weltkenntnis in so aufgeschlossenen Formen sich bewegen. –

Der breite Strom der Weser, welcher einige Meilen weiter abwärts in die Nordsee mündet, teilt Bremen in zwei Hälften von ungleicher Größe: in die Alt- und Neustadt. Aus dem bevölkerten Teile, der Altstadt, führen steinerne Brücken zum linken Ufer.

. . . Außerhalb der ehemaligen Wälle strecken sich die Vorstädte ins Land. Der Umfang der Stadt mit den Vorstädten ist etwa drei Stunden. Auf dem Raum der ehemals starken, zu Anfang dieses Jahrhunderts geschleiften Festungswerke ist ein Park angelegt, welcher die Altstadt in einem Halbkreise umfaßt, der an den beiden Enden die Weser berührt. Diese Anlage wetteifert mit den schönsten städtischen Umgebungen Deutschlands. Promenaden wechseln ab mit fließenden Wassern, Licht- mit Schattenpartien, Buschwerk mit Hochwald, und die prächtigen Blumenparterre's werden mit holländischer Sorgfalt gewartet und gepflegt. Die schönsten Straßen münden an ihrem Saume, die stattlichsten Häuser stehen an ihrem Rande, und viele Punkte geben freundliche Fernsichten über Fluß und Stadt, Wiesen und Gärten. —

Die Bauart ist in der Altstadt altertümlich, . . .

Außerhalb der ehemaligen Wälle strecken sich die Vorstädte ins Land. Der Umfang der Stadt mit den Vorstädten ist etwa drei Stunden. Auf dem Raum der ehemals starken, zu Anfang dieses Jahrhunderts geschleiften Festungswerke ist ein Park angelegt, welcher die Altstadt in einem Halbkreise umfaßt, der an den beiden Enden die Weser berührt. Diese Anlage wetteifert mit den schönsten städtischen Umgebungen Deutschlands. Promenaden wechseln ab mit fließendem Wasser. Licht- und Schattengärten, Buschwerk mit Hochwald, und die prächtigen Blumenparterre's werden mit holländischer Sorgfalt gewartet und gepflegt. Die schönsten Straßen münden an ihrem Saume, die stattlichsten Häuser stehen an ihrem Rande, und viele Punkte geben freundliche Fernsichten über Fluß und Stadt, Wiesen und Gärten.-

Die Bauart ist in der Altstadt altertümlich,

... echtes deutsches Stadtgepräge, wie es uns in Nürnberg, Augsburg, Lübeck erfreut: Häuser mit schmalen Fronten, die hohen Giebel den engen, krummen Straßen zugewendet, Erker an den großen Gebäuden. Alles solid von Stein, höchst reinlich und wohlerhalten. Die alte, reiche Hansastadt guckt noch ganz anmutig aus ihrem stattlichen Kleid. — Heiter, selten prächtig und anmaßlich, ist die Bauart der Neustadt. Die Häuser derselben streben nach Schönheit und Wohnlichkeit, und sie ehren, mit wenigen Ausnahmen, den Geschmack der Bauherren. Paläste, wie sie sich Hamburgs reiche Kaufleute in der neuen Zeit errichteten, an denen eine glänzende Dekoration die Ideenarmut der Erbauer und den Ungeschmack der Zeit umsonst zu verhüllen trachtet, sieht man in Bremen wenige, und der verständige Sinn der Bremer Geldleute schützt vor der Sucht, nachzuahmen das, was ...

echtes deutsches Stadtgepräge, wie es uns in Nürnberg, Augsburg, Lübeck erscheint: Häuser mit schmalen Fronten, die hohen Giebel den engen, krummen Straßen zugewendet, Erker an den großen Gebäuden: Alles solid von Stein, höchst reinlich und wohlerhalten. Die alte, reiche Hansestadt guckt noch ganz anmutig aus ihrem stattlichen Kleid. – Heiter, selten prächtig und anmaßlich, ist die Bauart der Neustadt. Die Häuser derselben streben nach Schönheit und Wohnlichkeit, und sie ehren, mit wenigen Ausnahmen, den Geschmack der Bauherren. Paläste, wie sie sich Hamburgs reiche Kaufleute in der neuen Zeit errichteten, an denen eine glänzende Dekoration die Ideenarmut der Erbauer und den Ungeschmack der Zeit umsonst zu verhüllen trachtet, sieht man in Bremen wenige, und der verständige Sinn der Bremer Geldleute schützt vor der Sucht, nachzuahmen das, was

. . . manchem verderblich werden könnte. — Gegenwärtig zählt Bremen etwa 7000 Häuser mit einer an die 60000 reichenden Bevölkerung.

Die Stadt nimmt rasch zu. Es treibt und sproßt in ihr ein jugendlicher frischer Geist, und trotz der 1000 Jahre, die sie in Ehren zählt, ist an keine Schwäche und an kein Rückwärtsgehen zu denken. Alles ist Wachsen und Entfalten, fast wie in einer jungen Stadt der neuen Welt. Daß der Einfluß des ununterbrochenen und innigsten Verkehrs mit Nordamerika auf Bremen anregend und belebend zurückwirkt, ist nicht zu verkennen und für Bremens Entwicklung von Bedeutung.

Plätze von besonderer Schönheit besitzt Bremen nicht. Markt und Domshof sind, jener wegen des Rathauses, dieser wegen des Doms, merkwürdig. Der Dom, ehrwürdig als eine der ältesten Stätten der christlichen Kultur in Deutsch- . . .

manchem verderblich werden könnte. – Gegenwärtig zählt Bremen etwa 7000 Häuser mit einer an die 60 000 reichenden Bevölkerung.

Die Stadt nimmt rasch zu. Es lebt und sprosst in ihr ein jugendlicher frischer Geist, und trotz der 1000 Jahre, die sie in Ehren zählt, ist an keine Schwäche und an kein Rückwärtsgehen zu denken. Alles ist Wachsen und Entfalten, fast wie in einer jungen Stadt der neuen Welt. Daß der Einfluß des ununterbrochenen und innigsten Verkehrs mit Nordamerika auf Bremen anregend und belebend zurückwirkt, ist nicht zu verkennen und für Bremens Entwicklung von Bedeutung.

Plätze von besonderer Schönheit besitzt Bremen nicht. Markt und Domshof sind, jener wegen des Rathauses, dieser wegen des Doms, merkwürdig. Der Dom, ehrwürdig als eine der ältesten Stätten der christlichen Kultur in Deutsch-

. . . land, ist weder sehr groß noch sehr schön, aber durch seine Krypta (vom Volk Bleikammer genannt), ein unterirdisches, von Pfeilern und gewaltigen Mauern getragenes Totengewölbe, weltberühmt, denn es hat die noch nicht befriedigend erklärte Eigenschaft, daß die in demselben beigesetzten Leichen nicht verwesen, sondern in den Särgen allmählich zu Mumien vertrocknen. Als ich da war, standen an dreißig offene Särge in Reihen geordnet: Kinder, Jünglinge, Männer und Greise, Frauen und alte Mütterchen schauten heraus, als ob sie nur schliefen! Gesicht und Hände waren fast vollkommen erhalten, die Haut glatt und pergamenten. Mehrere mochten Jahrhunderte da sein, denn die Toten trugen vielerlei Trachten aus vielerlei Zeiten.

Unter den übrigen Tempeln ist die Ansgarikirche mit ihrem 324 Fuß hohen Turme (dem höchsten Bremens) die sehenswerteste.

land, ist wieder sehr groß und sehr schön, aber durch seine Krypta (vom Volk Bleikammer genannt), ein unterirdisches, von Pfeilern und gewaltigen Mauern getragenes Totengewölbe, weltberühmt, denn es hat die noch nicht befriedigend erklärte Eigenschaft, daß die in demselben beigesetzten Leichen nicht verwesen, sondern in den Särgen allmählich zu Mumien vertrocknen. Als ich da war, standen an dreißig offene Särge in Reihen geordnet: Kinder, Jünglinge, Männer und Greise, Frauen und alte Mütterchen schauten heraus, als ob sie nur schliefen! Gesicht und Hände waren fast vollkommen erhalten, die Haut glatt und pergamenten. Mehrere mochten Jahrhunderte da sein, denn die Toten trugen vielerlei Trachten aus vielerlei Zeiten.

Unter den übrigen Tempeln ist die Ansgarikirche mit ihrem 324 Fuß hohen Turme (dem höchsten Bremens) die sehenswerteste.

Die Hansazeit findet im alten Rathaus ihren monumentalen Repräsentanten. Vor demselben steht eine kolossale Statue Rolands, des Helden der deutschen Sage, ein Kunstwerk uralter Zeit, ungeschlacht und roh von Form und Arbeit. Die größte Merkwürdigkeit des Rathauses ist aber, wie die des Doms, unter der Erde: der Keller mit den köstlichsten und ältesten Rheinweinen, deren Tropfen sich nach Pistolen berechnen, denn wenn der Hochheimer von 1624, welcher hier lagert, auch nur 500 Taler das Stück kostete, so kommt er, Zins auf Zins gerechnet, der Republik auf 15 Millionen Pistolen oder 150 Millionen Gulden zu stehen! Kein Kaiser und kein König kann sich eines solchen Besitzes rühmen, und eine orginellere Idee über nützliche Anlage der Staatsgelder ist wohl selbst Laws Haupt nicht entsprungen. Die berühmteste Abteilung in dieser vor- . . .

Die Hansezeit findet im alten Rathaus ihren monumentalen Repräsentanten. Vor demselben steht eine kolossale Statue Rolands, des Helden der deutschen Sage, ein Kunstwerk uralter Zeit, ungeschlacht und roh von Form und Arbeit. Die größte Merkwürdigkeit des Rathauses ist aber, wie die des Doms, unter der Erde: der Keller mit den köstlichsten und ältesten Rheinweinen, deren Flaschen sich nach Pistolen berechnen, denn wenn der Hochheimer von 1624, welcher hier lagert, auch nur 500 Taler das Stück kostete, so kommt er, Zins auf Zins gerechnet, der Republik jetzt auf etwa 15 Millionen Pistolen oder 150 Millionen Gulden zu stehen! Kein Kaiser, und kein König kann sich eines solchen Besitzes rühmen, und eine originellere Idee über nützliche Anlage der Staatsgelder ist wohl selbst Law's Genie nicht entsprungen. Die besuchteste Abteilung in diesem vor-

. . . trefflichen Staatsanstalt heißt der Apostelkeller, deshalb so benannt, weil auf jedem der zwölf mit den besten Gewächsen vergangener Jahrhunderte angefüllten Riesenfässer das Bild eines Apostels als respektiven Schutzheiligen ausgeschnitzt ist. Als Kuriosum zeigt man auch wohl die Stelle, wo einst ein Treppchen aus dem Sessionszimmer herabging, das die Väter der Stadt zu den Heiligen führte. Jene gute Zeit ist vorüber und das Treppchen längst vermauert. Wein und Lust aber sind geblieben. Daß sie demokratisch geworden sind, macht sie beide nicht schlechter. Jeder mag jetzt für sein Geld den echten rheinischen Sorgenbrecher an der lautersten Quelle nippen, und es kommt keine Notabilität nach Bremen, der die Gastfreundschaft in jenen Hallen nicht eine Güte täte. Gesang und Spiel tönen dann oft durch die weiten Gewölbe, bis der Hahnruf die Zecher fortscheucht. —

trefflichen Stadtweinanstalt heißt der Apostel-Keller, deshalb so benannt, weil auf jedem der zwölf mit den besten Gewächsen vergangener Jahrhunderte angefüllten Riesenfässer das Bild eines Apostels als wesentlichen Schutzheiligen ausgeschnitzt ist. Als Kuriosum zeigt man auch noch die Stelle, wo einst ein Gängchen aus dem Sessionszimmer herabging, das die Väter der Stadt zu den Heiligen führte. Jene gute Zeit ist vorüber und das Gängchen längst vermauert. Wein und Luft aber sind geblieben. Daß sie demokratisch geworden sind, macht sie beide nicht schlechter. Jeder mag jetzt für sein Geld den echten rheinischen Traubensaft an der lautersten Quelle nippen, und es kommt keine Notabilität nach Bremen, der die Gastfreundschaft in jenen Hallen nicht eine Güte täte. Gesang und Spiel tönen dann oft durch die weiten Gewölbe, bis der Hahnruf die Zecher fortscheucht. —

Noch heben sich durch ihre Bestimmung oder Bauart hervor: die Börse, der Schütting (Versammlungsort der Bürgerausschüsse), der alte erzbischöfliche Palast (jetzt das Stadthaus), die Seefahrt (ein Schifferhospital), die Post und die Wasserkunst auf dem Inselchen zwischen Alt- und Neustadt, welche Bremen mit Wasser versorgt.

Für Wissenschaft und Kunst ist der Sinn in Bremen jetzt mehr entwickelt, als man gemeinlich annimmt. Die neue Kunsthalle ist ein würdiges Gebäude. Das Theater ist in der Regel gut besetzt, und in dem schönen Gebäude der Union findet die Musik sorgfältige Ausbildung.

Unter den Gewerben Bremens stehen Reederei und Schiffbau obenan. Manches hiesige Handelshaus besitzt jetzt dreißig eigene Schiffe auf den Meeren. Die Reederei fand neuerlich eine Hauptstütze und eine Haupttriebkraft für ihre Entfaltung in der deutschen Auswan- . . .

Noch haben sich durch ihre Bestimmung oder Bauart hervor: die Börse, der Schütting (Versammlungsort der Bürgerausschüsse), der alte erzbischöfliche Palast (jetzt das Stadthaus), die Seefahrt (ein Schifferhospital), die Post und die Wasserkunst auf den Inselchen zwischen Alt- und Neustadt, welche Bremen mit Wasser versorgt.

Für Wissenschaft und Kunst ist der Sinn in Bremen jetzt mehr entwickelt, als man gemeinlich annimmt. Die neue Kunsthalle ist ein würdiges Gebäude. Das Theater ist in der Regel gut besetzt, und in dem schönen Gebäude der Union findet die Musik sorgfältige Ausbildung.

Unter den Gewerben Bremens stehen Reederei und Schiffbau obenan. Manches hiesige Handelshaus besitzt jetzt dreißig eigene Schiffe auf den Meeren. Die Reederei fand neuerlich eine Hauptstütze und eine Haupttriebkraft für ihre Entfaltung in der deutschen Auswan-

. . . derung. Der nach Amerika gerichtete Menschenstrom geht fast zur Hälfte über Bremen. — Das Auswandererhaus in Bremerhaven, von wo die Schiffe nach Amerika abgehen, ist die großartigste Anstalt ihrer Art.

Für die Auswanderung nach Brasilien, Australien, Kalifornien und Mittelamerika ist ein regelmäßiger Schiffsdienst schon eingerichtet oder im Entstehen. Zwei große Dampfschiffe fahren von vier zu vier Wochen zwischen Bremen und Neu-York. Die Dampfer zwischen Bremen und England gehen wöchentlich mehrmals, und eine Dampfschiffahrt auf der Weser erleichtert die Verbindung mit dem Innern von Deutschland. —

Die von dem Schiffbau abhängigen Gewerbe, Reepschlägerei u. a., sind groß und blühend. Zu einer erstaunenswerten Wichtigkeit ist in neuerer Zeit ein Gewerbe aufgewachsen, welches noch vor 25 . . .

wanderung. Der nach Amerika gerichtete
Menschenstrom geht fast zur Hälfte über
Bremen. – Das Auswandererhaus in Bre-
merhaven, von wo die Schiffe nach Ame-
rika abgehen, ist die großartigste Anstalt
ihrer Art.

Für die Auswanderung nach Brasilien,
Australien, Kalifornien und Mittelame-
rika ist ein regelmäßiger Schiffsdienst
schon eingerichtet oder im Entstehen. Zwei
große Dampfschiffe fahren von vier zu
vier Wochen zwischen Bremen und New-
York. Die Dampfer zwischen Bremen und
England gehen wöchentlich mehrmals,
und eine Dampfschiffahrt auf der
Weser erleichtert die Verbindung mit
dem Innern von Deutschland. –

Die von dem Schiffbau abhängigen
Gewerbe, Reepschlägerei u. a., sind groß
und blühend. Zu einer erstaunenswerten
Wichtigkeit ist in neuerer Zeit ein Gewer-
be aufgewachsen, welches noch vor 25

. . . Jahren wenig Beachtung hatte, jetzt aber 10 000 Hände und ein Kapital von Millionen beschäftigt: die Cigarrenfabrikation. Bremen bietet diesem Geschäftszweig eigentümliche Vorteile dar. Bremen ist der größte Tabaksmarkt in Europa, und folglich kann der hiesige Cigarrenfabrikant immer die reichste Auswahl des Materials treffen.

Ein großer Übelstand der Bremer Schiffahrt und hinderlich ihrer Entwicklung war früher der Mangel eines eigenen Hafens an der Wesermündung, da nur solche Schiffe herauf an die Stadt gelangen können, die unter sieben Fuß Wasser ziehen. 1829 kaufte Bremen von Hannover Land an der Wesermündung. Es baute Hafen, Magazine und Docks. So entstand Bremerhaven, das großartigste und nützlichste Denkmal der Energie und des Gemeinsinns unserer kleinen Republik.

Jahren wenig Beachtung hatte, jetzt aber 10000 Hände und ein Kapital von Millionen beschäftigt: die Zigarrenfabrikation. Bremen bietet diesem Geschäftszweig eigentümliche Vorteile dar. Bremen ist der größte Tabaksmarkt in Europa, und folglich kann der hiesige Zigarrenfabrikant immer die reichste Auswahl des Materials treffen.

Ein großer Übelstand der Bremer Schiffahrt und hinderlich ihrer Entwicklung war früher der Mangel eines eigenen Hafens an der Wesermündung, da nur solche Schiffe herauf an die Stadt gelangen können, die unter sieben Fuß Wasser ziehen. 1829 kaufte Bremen von Hannover Land an der Wesermündung. Es baute Hafen, Magazine und Docks. So entstand Bremerhaven, das großartigste und nützlichste Denkmal der Bürger und des Gemeinsinns unserer kleinen Republik.

Leseübung 6

Der Dieshof

von Hermann Löns

Dem neuen Kruge gegenüber, aber so weit abseits der Straße, daß man die Gebäude nur eben sieht, liegt der Dieshof, der größte Hof von Ohlenhof.

Von den anderthalb Dutzend Gebäuden, die unter den siebenhundert Hofeichen stehen, tragen die meisten noch Strohdächer. Einer der Speicher, dessen altsilbergraue Eichenplanken beinhart sind, steht noch aus der Zeit vor dem Dreißigjährigen Kriege; die vier Löcher im Giebel rühren von den Kugeln eines Tillyschen Streifkorps her. Das Wohnhaus ist noch ganz in der alten Art gebaut, nur daß es vor Jahren einen Schornstein bekam; aber der Rehmen* mit den gewaltigen Pferdeköpfen an den Enden der Balken wirft heute noch seinen riesenhaften Schatten auf das Flett, und in seiner steinharten Rußkruste, so . . .

* Rehmen: Rauchfang über der Feuerstelle im Flett (Wohnteil des Hauses)

Der Dieshof

von Hermann Löns

Dem neuen Wege gegenüber, aber so weit abseits der Straße, daß man die Gebäude nur eben sieht, liegt der Dieshof, der größte Hof von Ohlenhof.

Von den anderthalb Dutzend Gebäuden, die unter den siebenhundert Hofeichen stehen, tragen die meisten noch Rohrdächer. Einer der Speicher, dessen altsilbergrauen Eichenplanken beinhart sind, stammt noch aus der Zeit vor dem Dreißigjährigen Kriege; die vier Löcher im Giebel rühren von den Kugeln eines Tillyschen Streifkorps her. Das Wohnhaus ist noch ganz in der alten Art gebaut, nur daß es vor Jahren einen Schornstein bekam; aber der Rahmen mit den gewaltigen Pferdeköpfen an den Enden der Balken wirft heute noch seinen wunderhaften Schatten auf das Flett, und in seiner steinharten Rußkruste, so

... blank wie Stahl, spiegelt sich das offene Herdfeuer.

Es ist ein harter Schlag, der auf dem Hofe sitzt. Die Männer arbeiten viel, trinken wenig und sprechen gar nicht; sie befehlen nur. Ihre Nasen sind grade, ihre Augen kalt, ihre Lippen bilden einen scharfen Strich, ihre Knochen sind gewaltig und ihre Hände entsetzlich. Der Urahne des Bauern hat als junger Mann im Moore mit einem Griffe einen Strolch, der ihn anfiel, erwürgt. Die Frauen haben immer viel Geld und starke Knochen gehabt. Vom Dieshofe hat Deutschland tüchtige Leute bekommen, einen General, vier Geistliche, einen berühmten Anatom, alles Männer der Tat. Denn auch die Geistlichen waren Männer der Tat; ihre Worte fielen wie Donnerschläge von der Kanzel, und einer von ihnen hat in zehn Jahren aus einer verschnapsten Gemeinde ein anständiges Dorf gemacht, teils mit dem Worte Gottes, teils mit ...

blankt kein Stahl, spiegelt sich das offene Herdfeuer.

Es ist ein harter Schlag, der auf dem Hofe sitzt. Die Männer arbeiten viel, trinken wenig und sprechen gar nicht; sie befehlen nur. Ihre Nasen sind gerade, ihre Augen hell, ihre Lippen bilden einen scharfen Strich, ihre Knochen sind gewaltig und ihre Hände entsetzlich. Der Urahn des Bauern hat als junger Mann im Moore mit einem Griffe einen Wolf, der ihn anfiel, erwürgt. Die Frauen haben immer viel Geld und starke Knochen gehabt. Vom Dieshofe hat Deutschland tüchtige Leute bekommen, einen General, einen Geistlichen, einen berühmten Anatom, alles Männer der Tat. Denn auch die Geistlichen waren Männer der Tat; ihre Worte fielen wie Donnerschläge von der Kanzel, und einer von ihnen hat in zehn Jahren aus einer verschnarchten Gemeinde ein anständiges Dorf gemacht, teils mit dem Worte Gottes, teils mit

. . . seiner Bauernfaust.

Heute noch erzählt man sich in diesem Dorfe von einer wüsten Schlägerei an einem Sonnabend Abend, die so schlimm wurde, daß die Wirtin in ihrer Angst zum Pfarrer lief. Der kam in Hemdsärmeln mit ihr, sprang mitten in den Knäuel der Trunkenen, bläute sie in alle Ecken, fegte den Schnaps vom Tisch und jagte sie zu Bette. Als er starb, weinten die am meisten, auf die seine Worte und seine Fäuste am schwersten herniedergefallen waren. Sie sind sehr hart, die Männer vom Dieshofe; man sagt ihnen nach, daß sie ihre schwächlichen Kinder nicht aufkommen lassen.

Und doch lebt auf dem Hofe ein Mann, der ist nicht hart. Er hat das Diesbursche Gesicht und er hat es nicht; denn die Züge sind fein und die Augen wie die eines Kindes. Das ist Ohm Hein.

Wer ist Ohm Hein? Ohm Hein ist Ohm . . .

seiner Bauernfaust.

Heute noch erzählt man sich in diesem Dorfe von einer wüsten Schlägerei an einem Sonnabend Abend, die so schlimm wurde, daß die Wirtin in ihrer Angst zum Pfarrer lief. Der kam in Hemdsärmeln mit ihr, sprang mitten in den Knäuel der Trunkenen, bläute sie in allen Ecken, fegte den Schnaps vom Tisch und jagte sie zu Bette. Als er starb, weinten die am meisten, auf die seine Worte und seine Fäuste am schwersten herniedergefallen waren. Sie sind sehr hart, die Männer vom Dieshofe; man sagt ihnen nach, daß sie ihre schwächlichen Kinder nicht aufkommen lassen.

Und doch lebt auf dem Hofe ein Mann, der ist nicht hart. Er hat das Diesbäurische Gesicht und er hat es nicht; denn die Züge sind fein und die Augen wie die eines Kindes. Das ist Ohm Hein.

Wer ist Ohm Hein? Ohm Heden ist Ohm

. . . Hein, weiter nichts. Er geht in Pantoffeln, was sonst kein Diesbuhr tut. Er hilft Kartoffeln schälen, als wäre er eine Magd. Er schleppt sich mit den Kindern ab, er trägt sie in der Sonne umher, er bringt sie zu Bett, er wacht bei ihnen, wenn sie krank sind, und er erzählt ihnen Geschichten, sonderbare Geschichten, die einst Homer in Verse brachte und für die Herodot Worte fand. Wenn er sie in Schlaf singt, so singt er die Hexameter des Homer, und ärgern sie ihn, so schimpft er auf griechisch oder lateinisch. Sonntag nachmittags sitzt er in der Laube oder wintertags in seiner Dönze [= Stube] und liest in den vergilbten Büchern, die ihm von Odysseus und Ajax erzählen und von den Sitten der nubischen Völker, die Herodot uns aufbewahrte, und von dem, was Tacitus über die alten Deutschen schrieb.

Er liest es, aber er versteht es nicht. Er liest das Griechische und Lateinische glatt . . .

Heim, weiter nichts. Er geht in Pantoffeln, was sonst kein Direktor tut. Er hilft Kartoffeln schälen, als wäre er eine Magd. Er schleppt sich mit den Kindern ab, er trägt sie in der Sonne umher, er bringt sie zu Bett, er wacht bei ihnen, wenn sie krank sind, und er erzählt ihnen Geschichten, sonderbare Geschichten, die einst Homer in Verse brachte und für die Herodot Worte fand. Wenn er sie in Schlaf singt, so singt er die Hexameter des Homer, und ärgern sie ihn, so schimpft er auf griechisch oder lateinisch. Sonntag nachmittags sitzt er in der Laube oder wintertags in seiner Dörze [= Stube] und liest in den vergilbten Büchern, die ihm von Odysseus und Krieg erzählen und von den Sitten der nubischen Völker, die Herodot uns aufbewahrte, und von dem, was Tacitus über die alten Deutschen schrieb.

Er liest es, aber er versteht es nicht. Er liest das Griechische und Lateinische glatt

. . . herunter, aber der Sinn ist ihm entschwunden. Er mengt das, was der Pastor von der Kanzel spricht, mit den Gestalten Homers zusammen und formt krause Geschichten daraus, läßt Petrus den Hektor besiegen und die schöne Helena Christi Haupt mit köstlichem Öl salben. Meist sind seine Augen gut und fromm; nur wenn der Mai kommt, blicken sie kalt und hart, und wochenlang spricht er dann nur mit den Frauen und Kindern.

Denn im Mai war es, als sein Vater ihn vor dem Gymnasium erwartete und ihm sagte: »Ich habe dich abgemeldet; Johann ist tot; er hat das Nervenfieber gehabt. Deine Sachen sind alle im Wagen; ich habe sie von dem Pastor geholt. Und jetzt wollen wir Mittag essen.«

Heinrich war damit Hoferbe, denn das Gesetz auf dem Dieshofe lautet: »Der Älteste wird Hoferbe; der zweite Sohn studiert; der dritte heiratet auf einen Hof.« Die erste . . .

herunter, aber der Sinn ist ihm entschwunden. Er denkt das, was der Pastor von der Kanzel spricht, mit den Gestalten Homers zusammen und formt krause Geschichten daraus, läßt Petrus den Hektor besingen und die schöne Helena Christi Haupt mit köstlichem Öl salben. Meist sind seine Augen gut und fromm; nur wenn der Mai kommt, blicken sie kalt und hart, und wochenlang spricht er dann nur mit den Frauen und Kindern.

Denn im Mai war es, als sein Vater ihn vor dem Gymnasium erwartete und ihm sagte: „Ich habe dich abgemeldet; Johann ist tot; er hat das Nervenfieber gehabt. Deine Sachen sind alle im Wagen; ich habe sie von dem Pastor geholt. Und jetzt wollen wir Mittag essen."

Heinrich war damit Hoferbe, denn das Gesetz auf dem Dieshofe lautet: „Der Älteste wird Hoferbe; der zweite Sohn studiert; der dritte heiratet auf einen Hof." Die ersten

. . . Nacht lag Heinrich schlaflos und dachte an seine Bücher und an die Kanzel, auf der er sich schon gesehen hatte. Am anderen Morgen war er bei der Arbeit. Er arbeitete wie ein Knecht; aber die Bücher vergaß er nicht. Halbe Nächte saß er mit Lexikon und Grammatik über dem Herodot und dem Homer oder dem Tacitus und dem Cicero. Und wenn er beim Pflügen oder Säen daran dachte, daß er drei Jahre lang den ersten Platz in der Klasse gehabt hatte, dann wurde sein Gesicht heiß, und seine Augen flogen mit Haß über das Feld. Aber nie klagte er dem Vater oder der Mutter seine Not, nie ließ er in der Arbeit nach, und noch vor den Knechten war er am Morgen aus dem Bette. Er weinte keinmal in seiner Kammer, aber er lachte auch nicht; er ging nur gezwungen in den Krug und die Mädchen behandelte er wie Luft.

Das ging so sieben Jahre lang. Seine Hände . . .

Nacht lag Heinrich schlaflos und dachte an seine Bücher und an die Kanzel, auf der er sich schon gesehen hatte. Am andern Morgen war er bei der Arbeit. Er arbeitete wie ein Knecht; aber die Bücher vergaß er nicht. Halbe Nächte saß er mit Lexikon und Grammatik über dem Herodot und dem Homer oder dem Tacitus und dem Livius. Und wenn er beim Pflügen oder Säen daran dachte, daß er drei Jahre lang den ersten Platz in der Klasse gehabt hatte, dann wurde sein Gesicht heiß, und seine Augen flogen mit Haß über das Feld. Aber nie klagte er dem Vater oder der Mutter seine Not, nie ließ er in der Arbeit nach, und noch vor den Knechten war er am Morgen aus dem Bette. Er weinte keinmal in seiner Kammer, aber er lachte auch nicht; er ging nur gezwungen in den Krug und die Mädchen behandelte er wie Luft.

Das ging so sieben Jahre lang. Seine Hände

. . . wurden braun und breit und sein Gesicht schmal und blaß; um seinen Mund legten sich Falten, und seine Augen waren kalt und starr. Aber am 1. Mai des achten Jahres, an dem Tage, als der Vater ihn mit den Rotschimmeln abholte, da lächelte er mild und freundlich, als er morgens aus seiner Kammer kam; und sein Vater wußte nicht, was er sagen sollte, als er ihn dastehen sah, angetan mit dem Kirchenzeuge und die alten Schulbücher unter dem Arme. Er wollte ihn anfahren, aber als er ihm in die Augen sah, da zitterte er und mußte sich setzen, und drei Tage darauf lag er auf dem Schragen; ein Schlagfluß hatte ihn umgeworfen. Heinrich aber ging lächelnd an dem Sarge vorbei, sprach von dem guten Zeugnis, das er bekommen werde, und fragte den Pastor, ob die Griechen Thalassa oder Thalatta und die Römer Cicero oder Kikero gesprochen hätten, und bat ihn um die Deutung einer schwierigen Stelle im Livius.

worden braun und breit und sein Gesicht schmal und blaß; um seinen Mund legten sich Falten, und seine Augen waren kalt und starr. Aber am 1. Mai des ersten Jahres an dem Tage, als der Vater ihn mit dem Rotschimmel abholte, da lächelte er mild und freundlich, als er morgens aus seiner Kammer kam; und sein Vater wußte nicht, was er sagen sollte, als er ihn dastehen sah, angetan mit dem Kirchenzeuge und die alten Schulbücher unter dem Arme. Er wollte ihn anfahren, aber als er ihm in die Augen sah, da zitterte er und mußte sich setzen, und drei Tage darauf lag er auf dem Schragen; ein Schlagfluß hatte ihn umgeworfen. Heinrich aber ging lächelnd an dem Sarge vorbei, sprach von dem guten Zeugnis, das er bekommen werde, und fragte den Pastor, ob die Griechen Thalassa oder Thalatta und die Römer Lictor oder Liktor gesprochen hätten, und bat ihn um die Deutung einer schwierigen Stelle im Livius.

Er wurde nach Hildesheim gebracht. Nach einem Jahr wurde er als unheilbar entlassen. Seitdem lebt er als harmloser Irrer auf dem Hofe, den der jüngste Bruder antrat. Er schält Kartoffeln und wartet die Kinder, geht jeden zweiten Sonntag, in den langschößigen Kirchenrock gekleidet und in dem Knoten des Doppelbinders die goldene Nadel, zur Kirche und liest nachmittags in seinen Büchern. Er kommt niemand in die Quer. Redet er krauses Zeug, so läßt man ihn reden, ohne darüber zu lachen.

Man achtet überhaupt nicht auf ihn. Er zählt nicht mit. Er ist eigentlich gar nicht da. Er ist bloß Ohm Hein.

Er wurde nach Hildesheim gebracht. Nach einem Jahr wurde er als unheilbar entlassen. Seitdem lebt er als harmloser Narr auf dem Hofe, den der jüngste Bruder vertrat. Er schält Kartoffeln und wartet die Kinder, geht jeden zweiten Sonntag, in den langschößigen Kirchenrock gekleidet und in dem Knoten des Doppelbinders die goldene Nadel, zur Kirche und liest nachmittags in seinen Büchern. Er kommt niemand in die Quere. Redet er krauses Zeug, so läßt man ihn reden, ohne darüber zu lachen.

Man achtet überhaupt nicht auf ihn. Er zählt nicht mit. Er ist eigentlich gar nicht da. Er ist bloß Ohm Hein.

Leseübung 7

Erzbischof Adelbert von Bremen

von Peter von Kobbe

Sehr wichtig für das Land wie für das ganze Teutsche Reich ward das Leben und Wirken des nächstfolgenden Erzbischofs Adelbert. Er war aus dem Geschlechte der Grafen von Wettin. Vor seiner Erhebung zum Erzbischofe war er Probst zu Halberstadt. Die Lehen empfing er von Kaiser Heinrich III., bei welchem er in hohem Ansehen stand. Adelbert besaß große Eigenschaften, aber auch große Fehler. Seine Klugheit, seine Schönheit, seine Thätigkeit erregten allgemeine Bewunderung. Dagegen war er stolz, ehrgeitzig, eitel und zu verschwenderischer Pracht geneigt. Den von seinem Vorgänger begonnenen Bau [des Bremer Doms] ließ er, als nicht kostbar genug, wieder abbrechen. Nachher aber fehlten ihm die Mittel, den selbst begonnenen Bau zu Ende zu führen. Sein Hauptstreben ging dahin, ein eigenes Pa- . . .

Erzbischof Adalbert von Bremen

von Peter von Kobbe

Sehr wichtig für das Land wie für das ganze deutsche Reich ward das Leben und Wirken des nachfolgenden Erzbischofs Adalbert. Er war aus dem Geschlechte der Grafen von Wettin. Vor seiner Erhebung zum Erzbischofe war er Probst zu Halberstadt. Die Lehen empfing er von Kaiser Heinrich III., bei welchem er in hohem Ansehen stand. Adalbert besaß große Eigenschaften, aber auch große Fehler. Seine Klugheit, seine Schönheit, seine Thätigkeit erregten allgemeine Bewunderung. Dagegen war er stolz, ehrgeizig, eitel und zu verschwenderischer Pracht geneigt. Den von seinem Vorgänger begonnenen Bau [des Bremer Doms] ließ er, als nicht kostbar genug, wieder abbrechen. Leider aber fehlten ihm die Mittel, den selbst begonnenen Bau zu Ende zu führen. Sein Hauptstreben ging dahin, ein eigenes Pa-

. . . triarchat im Norden zu stiften, mit zwölf untergeordneten Bisthümern, von denen für hiesige Lande Bremen, Stade, Lesum und Verden bestimmt waren. Allein dieser Plan scheiterte wie manche andere des hochstrebenden Mannes. Vielmehr wurden Adelberts Schritte Ursache, daß die nordische Kirche sich ganz vom Hamburgischen Stuhle absonderte.

Das Hauptstreben Adelberts ging dahin, in seinem Stifte eine völlige weltliche Herrschaft zu erlangen. Dies veranlaßte eine entschiedene Feindschaft mit den Herzogen aus dem Billingischen Hause. Im Jahre 1050 folgte Kaiser Heinrich III. einer Einladung des Erzbischofs nach Bremen, um die kaiserlichen Güter in Lesum in Augenschein zu nehmen, und beschenkte bei dieser Gelegenheit die Stiftsgeistlichen mit dem Hofe Balge und die Kirche mit drei friesischen Grafschaften. Auf dem Wege nach Lesum ward der Kaiser bei einem . . .

triarchat im Norden zu stiften, mit zwölf untergeordneten Bisthümern, von denen für hiesige Lande Bremen, Stade, Lesum und Verden bestimmt waren. Allein dieser Plan scheiterte wie mancher andere des hochstrebenden Mannes. Vielmehr wurden Adalberts Schritte Ursache, daß die nordischen Reiche sich ganz vom Hamburgischen Stuhle absonderten.

Das Hauptstreben Adalberts ging dahin, in seinem Stifte eine völlige weltliche Herrschaft zu erlangen. Dies veranlaßte eine entschiedene Feindschaft mit den Herzogen aus dem Billingischen Hause. Im Jahre 1050 folgte Kaiser Heinrich III. einer Einladung des Erzbischofs nach Bremen, um die kaiserlichen Güter in Lesum in Augenschein zu nehmen, und beschenkte bei dieser Gelegenheit die Stiftsgeistlichen mit dem Hofe Balge und die Kirche mit drei friesischen Grafschaften. Auf dem Wege nach Lesum ward der Kaiser bei einem

. . . Orte, den Wolter »Belecht« nennt, plötzlich überfallen, aber von den Leuten des Erzbischofs gerettet. Die Schuld des Ueberfalles ward dem Grafen Ditmar von Lesum beigemessen. Dieser ward gezwungen, zu seiner Rechtfertigung einen Zweikampf einzugehen, im welchem er erlegt und durch seinen Tod die Grafschaft erlediget ward.

Die Grafschaft Lesum oder Lesmona begriff nicht nur siebenhundert Hufen Landes, die größtentheils in der Nähe von Bremen lagen, sondern es gehörten dazu auch Güter, welche in ganz Wigmodien zerstreut waren, und selbst das Land Hadeln. Von den ältern Grafen fehlen die Nachrichten. Die Grafschaft war zu Anfang des eilften Jahrhunderts dem Grafen Lüder, einem Sohne des Herzogs Hermann Billing, verliehen. Dieser starb 1011. Seine Gemahlinn, die fromme Emma, eine Schwester des Bischofs Meinwerk . . .

Orte, den Walter „Belacht" nennt, plötzlich überfallen, aber von den Leuten des Erzbischofs gerettet. Die Schuld des Ueberfalles ward dem Grafen Ditmar von Lesum beigemessen. Dieser ward gezwungen, zu seiner Rechtfertigung einen Zweikampf einzugehen, in welchem er erlegt und durch seinen Tod die Grafschaft erledigt ward.

Die Grafschaft Lesum oder Lesmona begriff nicht nur siebenhundert Hufen Landes, die größtentheils in der Nähe von Bremen lagen, sondern es gehörten dazu auch Güter, welche in ganz Wigmodien zerstreut waren, und selbst das Land Hadeln. Von den ältern Grafen fehlen die Nachrichten. Die Grafschaft war zu Anfang des elften Jahrhunderts dem Grafen Lüder, einem Sohn des Herzogs Hermann Billing, verliehen. Dieser starb 1011. Seine Gemahlin, die fromme Emma, eine Schwester des Bischofs Meinwerk

. . . von Paderborn, überlebte ihn noch vierzig Jahre und hinterließ der Kirche große Schätze. Die Grafschaft war vom Kaiser bei Lüders Tode eingezogen worden, später aber einem Brudersohne desselben, Ditmar, verliehen. Nachdem dieser auf die erwähnte Weise gestürzt war, nahm der Kaiser die Grafschaft wieder in Besitz. Während der Minderjährigkeit Heinrichs IV. kaufte der Erzbischof sie von der Kaiserin Agnes für neun Pfund Goldes. Es ist später von derselben aber wenig beim Erzstift geblieben, und diese Güter sind theils an die Grafen von Delmenhorst, theils an die Herzoge von Lauenburg, theils an die Stadt Bremen, theils an adeliche Geschlechter gekommen.

In dem nämlichen Jahre, da Lesum an das Stift kam, erhielt Adelbert auch die Grafschaft Stade vom Kaiser (1062), jedoch behielt der damalige Graf Udo II. sie noch als Lehn. Seit diesem ersten Versuche, . . .

von Paderborn, überlebte ihn noch einige Jahre und hinterließ der Kirche große Schätze. Die Grafschaft war vom Kaiser bei Lüders Tode eingezogen worden, später aber einem Bruderssohne desselben, Ditmar, verliehen. Nachdem dieser auf die erwähnte Weise gestürzt war, nahm der Kaiser die Grafschaft wieder in Besitz. Während der Minderjährigkeit Heinrichs IV. kaufte der Erzbischof sie von der Kaiserin Agnes für neun Pfund Goldes. Es ist später von derselben aber wenig beim Erzstift geblieben, und diese Güter sind theils an die Grafen von Delmenhorst, theils an die Herzöge von Lüneburg, theils an die Stadt Bremen, theils an adeliche Geschlechter gekommen.

In dem nämlichen Jahre, da Lesum an das Stift kam, erhielt Adalbert auch die Grafschaft Stade vom Kaiser (1062), jedoch behielt der damalige Graf Udo II. sie noch als Lehen. Mit diesem ersten Versuche,

. . . in den Besitz der Grafschaft zu kommen, haben die Erzbischöfe in den ersten anderthalbhundert Jahren stets ihr Augenmerk nach dem Erwerbe derselben gerichtet. Adelbert war damals als Erzieher des minderjährigen Königs Heinrich IV. im höchsten Ansehen in Teutschland. Sein Ansehen und die Art, wie er sich desselben bediente, erregte im hohen Grade den Neid der Großen, besonders im Norden des Reichs und unter diesen vor Allen den der Fürsten aus dem Billingischen Hause. Als Herzog Bernhard (1059) gestorben war, entstand eine heftige Fehde zwischen dem Erzbischofe und den Söhnen des Herzogs, Ordulf und Hermann. Diese zerstörten alle Burgen, welche der Erzbischof an verschiedenen Stellen des Landes angelegt hatte, und plünderten Bremen und das ganze Land, mußten aber zuletzt einen Vergleich eingehen, in welchem Graf Hermann der Kirche funfzig Hufen Landes geben mußte.

in den Besitz der Grafschaft zu kommen, haben die Erzbischöfe in den ersten anderthalbhundert Jahren stets ihr Augenmerk auf den Erwerb derselben gerichtet. Adalbert war damals als Erzieher des minderjährigen Königs Heinrich IV. im höchsten Ansehen in Deutschland. Sein Ansehen und die Art, wie er sich desselben bediente, erregte im hohen Grade den Neid der Großen, besonders im Norden des Reichs und unter diesen vor Allen den der Fürsten aus dem Billingischen Hause. Als Herzog Bernhard (1059) gestorben war, entstand eine heftige Fehde zwischen dem Erzbischofe und den Söhnen des Herzogs, Ordulf und Hermann. Diese zerstörten alle Burgen, welche der Erzbischof an verschiedenen Stellen des Landes angelegt hatte, und plünderten Bremen und das ganze Land, mußten aber zuletzt einen Vergleich eingehen, in welchem Graf Hermann der Kirche fünfzig Hufen Landes geben mußte.

Der Haß gegen Adelbert stieg immer höher, und im Jahr 1066 mußte Heinrich IV. ihn gänzlich von sich entfernen. Drei Jahre mußte er sich seiner Sicherheit halber in Bremen aufhalten, wo seine Feinde ihn gleichsam belagerten und ihn endlich nöthigten, nach seinem Gute bei Goslar zu fliehen. Von seinen Dienstmännern ganz verlassen mußte er mit Herzog Magnus, seinem Hauptfeinde, einen Vertrag eingehen und diesem die Friesischen Grafschaften zu Lehn der Kirche ertheilen. Adelbert verlor sein Ansehen immer mehr. Seine Bedienten hauseten nach Gefallen. Kein wohlhabender Bewohner war sicher vor ihrer Habsucht. Kaufleute, die nach Bremen kamen, wurden ihrer Waaren beraubt und mußten mit leeren Händen nach Hause gehen. Unordnung und Elend wurden allgemein. Am meisten gekränkt fühlte sich Adelbert, als sein Bruder Decius, ein gerechter und guter Mann, von einem Priester ermordet wurde. Seitdem warf . . .

Der Haß gegen Adalbert stieg immer höher, und im Jahr 1066 mußte Heinrich IV. ihn gänzlich von sich entfernen. Drei Jahre mußte er sich seiner Sicherheit halber in Bremen aufhalten, wo seine Feinde ihn gleichsam belagerten und ihn endlich nöthigten, nach seinem Gute bei Goslar zu fliehen. Von seinen Dienstmännern ganz verlassen mußte er mit Herzog Magnus, seinem Hauptfeinde, einen Vertrag eingehen und diesem die Friesischen Grafschaften zu Lehn der Kirche ertheilen. Adalbert verlor sein Ansehen immer mehr. Seine Bedienten handelten nach Gefallen. Kein wohlhabender Bewohner war sicher vor ihrer Habsucht. Kaufleute, die nach Bremen kamen, wurden ihrer Waaren beraubt und mußten mit leeren Händen nach Hause gehen. Unordnung und Elend wurden allgemein. Am meisten gekränkt fühlte sich Adalbert, als sein Bruder Dacius, ein gerechter und guter Mann, von einem Priester ermordet wurde. Trotzdem warf

... er einen Haß auf alles dem Stifte unterworfene Volk und gab als Grund seiner Abneigung die unter ihnen eingerissenen Laster des Trunkes, der Völlerei, ihre Zanksucht, ihre Gotteslästerungen, ihre Ausschweifungen und ihre Hinneigung zu heidnischen Irrthümern, das Schwelgen an heiligen Tagen, das Essen von Pferdefleisch und das Zusammenleben mit ihren Weibern an.

Nach dreijähriger Entfernung vom königlichen Hofe ward Adelbert von Heinrich IV. zurückberufen und unterließ nun nicht, den Zorn des Königs gegen die Sachsen aufs neue zu entflammen. Er veranlaßte sogar ein Bündniß mit dem König Svend von Dänemark, welchem auf einer Zusammenkunft zu Bardewyk alle an dessen Reich gränzende Bezirke, namentlich die Besitzthümer des Markgrafen Udo, also Stade und Ditmarsen, versprochen wurden. Allein dieser Vertrag ...

er einen Haß auf alles dem Stifte unterworfenen Volk und gab als Grund seiner Abneigung die unter ihnen eingerissenen Laster des Trunkes, der Völlerei, ihre Zanksucht, ihre Gotteslästerungen, ihre Ausschweifungen und ihre Hinneigung zu heidnischen Irrthümern, das Schwelgen an heiligen Tagen, das Essen von Pferdefleisch und das Zusammenleben mit ihren Weibern an.

Nach dreijähriger Entfernung vom Königlichen Hofe ward Adalbert von Heinrich IV. zurückberufen und unterließ nun nicht, den Zorn des Königs gegen die Sachsen aufs neue zu entflammen. Er veranlaßte sogar ein Bündniß mit dem König Svend von Dänemark, welchem auf einer Zusammenkunft zu Bardewyk alle an dessen Reich grenzenden Bezirke, namentlich die Besitzthümer des Markgrafen Udo, also Stade und Ditmarschen, versprochen wurden. Allein dieser Vertrag

. . . kam nicht zur Ausführung. Die sächsischen Fürsten unterwarfen sich, und Adelbert bekam die Güter wieder, welche Herzog Magnus der Kirche genommen hatte.

Bald nach dieser Zeit befiel den Erzbischof eine große Schwäche des Geistes. Er umgab sich mit Wunderthätern, Schmeichlern und Aerzten und starb zu Goslar am 1. April 1072.

kam nicht zur Ausführung. Die sächsischen Fürsten unterwarfen sich, und Adalbert bekam die Güter wieder, welche Herzog Magnus der Sachse genommen hatte.

Bald nach dieser Zeit befiel den Erzbischof eine große Schwäche des Geistes. Er umgab sich mit Wunderthätern, Schmeichlern und Ärzten und starb zu Goslar am 1. April 1072.

Leseübung 8

Das Nöthigste von Banken

von Johann Phil. Schellenberg

Das deutsche Wort Bank stammt von dem italienischen Worte banco ab, welches ein vom Tischler verfertigtes, bekanntes Hausgeräthe bezeichnet. In der Kindheit desjenigen Handlungszweiges, welcher in Ein- und Verwechselung, oder im Kaufe oder Verkaufe des Geldes besteht, und dessen Wiege Italien war, boten die Geldhändler oder Wechsler auf öffentlichem Markte ihre Waaren feil, die auf Bänken dort neben ihnen lagen. Daher, sagt man, kommt der Name Banker (franz. Banquier), welchen man heutiges Tages noch den großen Geldnegotianten beilegt, zu deren Geschäften auch dies zu gehören pflegt, daß sie für Rechnung anderer gegen Anweisung currente Zahlungen leisten, nachdem nämlich diese die dazu benöthigten Gelder bei ihnen deponirt haben.

In unseren Zeiten versteht man unter dem Namen Bank überhaupt a) Verkehr mit dem Gelde; b) den öffentlichen Ort, wo sich die Kaufleute versammeln, um ihre Geschäfte mit einander zu betreiben. Dafür aber ist der Name Börse gebräuchlicher; c) Ein durch öffentliche Autorität in großen Handelsstaaten errichtetes und privi- . . .

Das Wichtigste von Banken

von Johann Phil. Schellenberg

Das deutsche Wort Bank stammt von dem italienischen Worte banco ab, welches ein vom Tischler verfertigtes, bekanntes Hausgeräthe bezeichnet. In der Kindheit desjenigen Handlungszweiges, welcher in Hin und Herwechselung, oder im Kaufe oder Verkaufe des Geldes besteht, und dessen Wiege Italien war, boten die Geldhändler oder Wechsler auf öffentlichen Märkten ihre Waaren feil, die auf Bänken dort neben ihnen lagen. Daher, sagt man, kommt der Name Banker (franz. Banquier), welchen man heutiges Tages noch den großen Geldnegotianten beilegt, zu deren Geschäften auch dies zu gehören pflegt, daß sie für Rechnung anderer gegen Anweisung [illegible] Zahlungen leisten, nachdem nämlich diese die dazu benöthigten Gelder bei ihnen deponirt haben.

In unsern Zeiten versteht man unter dem Namen Bank überhaupt a) Verkehr mit dem Gelde; b) den öffentlichen Ort, wo sich die Kaufleute versammeln, um ihre Geschäfte mit einander zu betreiben. Dafür aber ist der Name Börse gebräuchlicher; c) jede durch öffentliche Autorität in großen Handelsstädten errichtetes und privi-

... legirtes Haus, darin man ein Kapital niederlegt, um zu allen Zeiten darüber verfügen zu können.

Banken oder Bank-Institute sollen dem Mangel, der Gefahr und der Verschleißung des Metallgeldes abhelfen; sie sollen also das bewirken, was dieses nicht bewirken kann, und sollen folglich der Seltenheit, dem gefährlichen Aufbewahren und Weiterschaffen und der eben dadurch verursachten Mühe, Zeitversplitterung und Kostspieligkeit abhelfen.

Die privilegirten Handelsgesellschaften, wovon sich schon im 16. Jahrhunderte die Anfänge finden, haben durch Erfindung und Gebrauch der Actien das vorbereiten können, was die späteren Bankgesellschaften vollendet haben. Die berühmte Bank von Genua, die als Vorbild der übrigen betrachtet werden kann, ist schon im Anfange des 15. Jahrhunderts (1407) gestiftet worden; die schwedische Reichsbank hat, so wie die berühmte englische, ihr Entstehen erst gegen den Ausgang des 17. Jahrhunderts, jene im Jahr 1668, diese im Jahr 1694 erhalten. Ein ähnliches Institut wurde in Frankreich die durch Law so merkwürdig gewordene ...

legirtes Haus, darin man ein Kapital niederlegt, um zu allen Zeiten darüber verfügen zu können.

Banken oder Bank-Institute sollen dem Mangel, der Gefahr und der Verschleißung des Metallgeldes abhelfen; sie sollen also das bewirken, was dieses nicht bewirken kann, und sollen folglich der Seltenheit, dem gefährlichen Aufbewahren und Weiterschaffen und der eben dadurch verursachten Mühe, Zeitversplitterung und Kostspieligkeit abhelfen.

Die privilegirten Handelsgesellschaften, wovon sich schon im 16. Jahrhunderte die Anfänge finden, haben durch Erfindung und Gebrauch der Actien das vorbereiten können, was die späteren Bankgesellschaften vollendet haben. Die berühmte Bank von Genua, die als Vorbild der übrigen betrachtet werden kann, ist schon im Anfange des 15. Jahrhunderts (1407) gestiftet worden; die schwedische Reichsbank hat, so wie die berühmte englische, ihr Entstehen erst gegen den Ausgang des 17. Jahrhunderts, jene im Jahre 1668, diese im Jahre 1694 erhalten. Ein ähnliches Institut wurde in Frankreich die durch Law so merkwürdig gewordene

. . . Altwestindische oder **Missisippi-Gesellschaft** (1717), wovon die Südsee-Gesellschaft in England (1719) wieder eine Copie wurde. Die Caisse d'Escompte in Paris war als eine Bank blos für den Bezirk dieser Stadt zu halten. Dänemark erhielt 1736 und Spanien erst 1782 eine Bank, die beide privilegirten Privatgesellschaften zustanden.

Zettelbanken

In diesen wird weder ab- noch zugeschrieben, sondern jeder, der ihnen Geld bringt, erhält Scheine oder Banknoten dafür. Unter einer Zettelbank versteht man daher dasjenige Institut, durch welches anstatt des baaren Geldes Zettel oder Banknoten, die den Werth des Geldes vorstellen, in Umlauf gesetzt werden. Hiernach ist eine Banknote nichts anderes als ein Sichtwechsel, der sogleich bezahlt werden muß, sobald es der Inhaber verlangt. Diese Banknoten verändern ihre Besitzer unaufhörlich, und die Bank bekümmert sich weder um den Besitzer der Note, noch um sein Recht daran, sondern jeder Inhaber eines . . .

Altwestindische oder Mississippi-Gesellschaft (1717), woran die Südsee-Gesellschaft in England (1719) wieder eine Kopie wurde. Die Caisse d'Escompte in Paris war als eine Bank bloß für den Bezirk dieser Stadt zu halten. Dänemark erhielt 1736 und Spanien erst 1782 eine Bank, die beide privilegierten Privatgesellschaften zustanden.

Zettelbanken

In diesen wird weder ab- noch zugeschrieben, sondern jeder, der ihnen Geld bringt, erhält Scheine oder Banknoten dafür. Unter einer Zettelbank versteht man daher dasjenige Institut, durch welches anstatt des baren Geldes Zettel oder Banknoten, die den Wert des Geldes vorstellen, in Umlauf gesetzt werden. Hiernach ist eine Banknote nichts anderes als ein Sichtwechsel, der sogleich bezahlt werden muß, sobald es der Inhaber verlangt. Diese Banknoten verändern ihren Besitzer unaufhörlich, und die Bank bekümmert sich weder um den Besitzer der Note, noch um sein Recht daran, sondern jeder Inhaber nimmt

. . . solchen Scheines ist Gläubiger der Bank.

Die Einrichtung einer solchen Bank ist im Wesentlichen folgende: Eine Gesellschaft oder eine Anzahl von Personen vereinigt sich, eine bestimmte Summe unter ihrer eigenen und der Garantie des Staats zusammen zu bringen, und stellt für einen Theil derselben Zettel oder Banknoten von verschiedenem Werthe aus, die dann aus einer Hand in die andere gehen. Haben Privatpersonen die Bank errichtet, so wird das Kapital in gleiche Theile (Actien) getheilt; z. B. 500 Rthlr. Wer diese einfach erlegt, hat eine Actie, wer doppelt so viel giebt, hat zwey Actien u.s.w. Jeder erhält einen Schein darüber (Bank-Actie) und wird Eigener der Bank (Actionär). Man unterscheidet daher bei einer Zettelbank die Inhaber der Actien von den Besitzern der Banknoten. — Die Bank verleiht ihre Noten statt baaren Geldes, discontirt Wechsel, kauft fremdes Eigenthum etc. Der Gewinn wird unter die Actionärs vertheilt. Actien können verkauft werden. Ist der zu hoffende Gewinn beträchtlich, so verkauft man bisweilen eine solche Actie für die doppelte Summe.

solchen Scheines ist Gläubiger der Bank.

Die Einrichtung einer solchen Bank ist im Wesentlichen folgende: Eine Gesellschaft oder eine Anzahl von Personen vereinigt sich, eine bestimmte Summe unter ihrer eigenen und der Garantie des Staats zusammen zu bringen, und stellt für einen Theil derselben Zettel oder Banknoten von verschiedenem Werthe aus, die dann aus einer Hand in die andern gehen. Haben Privatpersonen die Bank errichtet, so wird das Kapital in gleiche Theile (Actien) getheilt; z. B. 500 Rthlr. Wer diese einfach erlegt, hat eine Actie, wer doppelt so viel giebt, hat zwey Actien u.s.w. Jeder erhält einen Schein darüber (Bank-Actie) und wird Eigner der Bank (Actionär). Man unterscheidet daher bei einer Zettelbank die Inhaber der Actien von den Besitzern der Banknoten. – Die Bank verleiht ihre Noten statt baaren Geldes, discontirt Wechsel, kauft fremdes Eigenthum etc. Der Gewinn wird unter die Actionärs vertheilt. Actien können verkauft werden. Ist der zu hoffende Gewinn beträchtlich, so verkauft man bisweilen eine solche Actie für die doppelte Summe.

Leseübung 9

An

Hochfürstliche Regierung

Hiermit erlaube ich mir Hochfürstlicher Regierung die gehorsamste Anzeige zu machen, daß ich die Verlegung meiner Apotheke von der Leopoldstraße Nr 23 nach der Bruchstraße Nr. 33 jetzt in Ausführung gebracht habe.

Detmold den 29sten October 1885

J. Diederichs
Apotheker

An

Hochfürstliche Regierung.

Hiermit erlaube ich mir Hochfürstlicher Regierung die gehorsamste Anzeige zu machen, daß ich die Verlegung meiner Apotheke von der Leopoldstraße No 23 nach der Bruchstraße No. 33. jetzt in Ausführung gebracht habe.

Detmold den 29sten October 1885

J. Diederichs
Apotheker

Leseübung 10

Geschehen Hohenhausen am Amte den 7. März 1857.

In Betreff des für Heinrich Wilhelm Lübbecke aus Bavenhausen nachgesuchten Auswanderungs-Konsenses.

Erschien der Lehrer Lübbecke von Bavenhausen und stellte vor: sein 18jähriger Sohn Heinrich Wilhelm wolle mit seiner Genehmigung nach Amerika auswandern. Er bitte deshalb, für denselben die Entlassungsurkunde zu befördern.

A[ctum] u[t] s[upra]
in fidem
Honerla.

Geschehen Hohenhausen vor Amte den 7. März 1857.

In Betreff des für Heinrich Wilhelm Lübbecke aus Bavenhausen nachgesuchten Auswanderungs-Consenses.

Erschien der Lehrer Lübbecke von Bavenhausen und stellte vor:

Sein 18jähriger Sohn Heinrich Wilhelm wolle mit seiner Genehmigung nach Amerika auswandern. Er bitte deshalb, für denselben die Entlassungs-urkunde zu befördern.

A. u. S.

in fidem

Gonnela.

Leseübung 11

Horn, den 5. März 1857.

Die Auswanderung des Emil Neese aus Heesten nach Amerika betr[effend].

Die Witwe des zu Heesten verstorbenen Schullehrers Neese hat angezeigt, daß ihr 14½ Jahr alter Sohn Emil mit seinem Oheim, dem Colon Tintelnot zu Bellenberg nach Amerika auswandern wolle, und gebeten, demselben einen Reisepaß zu ertheilen. Nach amtlichem Ermessen steht der Gewährung dieser Bitte kein Hinderniß entgegen und ersucht Hochfürstliche Regierung das Amt daher gehorsamst, die Ausstellung des beantragten Reisepasses hochgeneigtest genehmigen zu wollen.

E. Neubourg.

Horn, den 5. März 1857.

Die Auswanderung des Emil Neese aus Heesten nach Amerika betr.

Die Wittwe des zu Heesten verstorbenen Schullehrers Neese hat angezeigt, daß ihr 14 1/2 Jahr alter Sohn Emil mit seinem Oheim, dem Colon Tintelnot zu Hellenberg nach Amerika auswandern wolle und gebeten, demselben einen Reisepaß zu ertheilen. Nach amtlichem Ermessen steht der Gewährung dieser Bitte kein Hinderniß entgegen und ersucht Hochfürstliche Regierung das Amt daher gehorsamst, die Ausstellung des beantragten Reisepasses hochgeneigtest genehmigen zu wollen.

Coll.
G.

Neubauer.

Leseübung 12

Fürstenthum (L. S.) Lippe.

Dem Heinrich Petig zu Kluckhof, welcher sich in Amerika niederzulassen beabsichtigt, wird die nachgesuchte Erlaubniß zur Auswanderung ertheilt.

Derselbe wird demnach aus dem diesseitigen Unterthanen-Verbande hiermit entlassen und verliert mit Aushändigung dieser Entlassungsurkunde die seither im hiesigen Lande ihm zugestandenen Heimathsrechte.

Detmold, den 22. Decbr. 1868.

Fürstlich Lippische Regierung

(L[ocus]. S[igilli].) Heldman.

Auswanderungs-Schein
für Heinrich Petig
von Kluckhof

Fürstenthum (L.S.) Lippe.

Dem Heinrich Kotig zu Glückshof, welcher sich in Amerika niederzulassen beabsichtigt, wird die nachgesuchte Erlaubniß zur Auswanderung ertheilt.

Derselbe wird demnach aus dem diesseitigen Unterthanen-Verbande hiermit entlassen und verliert mit Aushändigung dieser Entlassungsurkunde die seither im hiesigen Lande ihm zugestandenen Heimathsrechte.

Detmold, den 22. Decbr. 1868.

Fürstlich Lippische Regierung.

(L.S.) Heldman.

Auswanderungs-Schein
für Heinrich Kotig
von Glückshof

Leseübung 13

Wohllöblichem Magistrat erlaubt sich die gehorsamst Unterzeichnete mit nachfolgendem Gesuche vertrauensvoll zu nahen.

Mein Ehemann ist, wie Wohllöblichem Magistrat bekannt, im Anfange dieses Monats gestorben und hat mich, sowie meine 5 noch minderjährigen Kinder trostlos zurückgelassen. Wohllöblicher Magistrat wolle bedenken, in was für eine traurige Lage wir Hinterlassenen versetzt sind. Ohne allen Verdienst liegt nur mir allein die Ernährung und Verpflegung meiner noch alle hülfsbedürftigen Kinder ob. Wenn es mir nur auch wohl späterhin gelingen möchte, durch meine Hände Arbeit ein Tagelohn zu verdienen, so ist doch vorläufig noch nicht daran zu denken, indem der größte Theil meiner Kinder

. . .

Wohllöblichem Magistrat erlaubt sich die gehorsamst Unterzeichnete mit nachfolgendem Gesuche vertrauensvoll zu nahen.

Mein Ehemann ist, wie Wohllöblichem Magistrat bekannt, im Anfange dieses Monats gestorben und hat mich, sowie meine 5 noch minderjährigen Kinder trostlos zurückgelassen. Wohllöblicher Magistrat wolle bedenken, in was für eine traurige Lage wir Hinterlassenen versetzt sind. Ohne allen Verdienst liegt nun mir allein die Ernährung und Verpflegung meiner noch alle hülfsbedürftigen Kinder ob. Wenn es mir nun auch wohl späterhin gelingen möchte, durch meiner Hände Arbeit ein Tagelohn zu verdienen, so ist doch vorläufig noch nicht daran zu denken, indem der grösste Theil meiner Kinder

. . . fast jeden Augenblick noch der Mutterpflege bedürfen, und wer wollte auch wohl, ginge ich nur aus dem Hause, meine (!) Haushalt besorgen?

Aus den angeführten Gründen wage ich es Wohllöblichen Magistrat flehentlichst und gehorsamst zu bitten,

auch mir, wie es von Wohldemselben schon früher der Witwe des Thorwärters Ruhbart bewilligt worden ist, noch für 1/4 Jahr nach dem Tode meines Mannes den Thorwärterlohn zuzubilligen.

Detmold den 23. Mai 1857.

Witwe Meier

fast jeden Augenblick noch der Mutter-
pflege bedürfen, und wer wollte auch
wohl, gienge ich aus dem Hause, meinen
Haushalt besorgen?

Aus den angeführten Grün-
den wage ich es Wohllöblichen Magi-
strat flehentlichst und gehorsamst zu
bitten,

auch mir, wie es von Wohldenen
selben schon früher der Witwe
des Thorwärters Heisbart bewilligt
worden ist, noch für 1/4 Jahr
nach dem Tode meines Mannes
den Thorwärterlohn zuzubilligen.

Detmold den 23. Mai 1857.

Witwe Meier

Leseübung 14

An

Wohllöbl. Magistrat!

Vor einigen Jahren ist eine Schinderhütte kaum 80 Schritte vom Comunalwege, der von Detmold nach Heidenoldendorf führt, und unmittelbar an einen Feldweg, gebaut worden. Hirinn werden nun die Cadaver von gefallenem Vieh aufbewahrt und verbreiten in der Umgegend einen so pestilentialischen Geruch, daß die vorbeigeführten Pferde davon scheu werden und die anstoßenden Aeker . . .

An

Wohllöbl. Magistrat!

Vor einigen Jahren ist eine Schinderhütte kaum 80 Schritte vom Communalwege, der von Detmold nach Heidenoldendorf führt, und unmittelbar an einem Feldweg, gebaut worden. Hierin werden nun die Luder- und von gefallenem Vieh aufbewahrt und verbreiten in der Umgegend einen so pestilenzialischen Geruch, daß die vorbeigehenden Pferde davon scheu werden und die anstoßenden Acker

... nur mit Lebensgefahr bewirthschaftet werden können. Wenn nun schon aus polizeilichen Rücksichten von den Anwohnenden und von den Besitzern umliegender Grundstücke, die Fortschaffung dieses Aashütte, indem nach den polizeilichen Bestimmungen die Cadaver von gefallenem Vieh sogleich verscharrt werden sollen, unbedingt verlangt werden kann: so wird dies Verlangen noch mehr dadurch begründet, als die dort auffaulenden oder auftrocknenden Gedärme und Fleischtheile eine Menge Ungeziefer, namentlich Ratten, herbeilocken und die reifenden ...

einer mit Lebensgefahr be-
wirthschaftet werden können.
Wenn nun schon aus polizei-
lichen Rücksichten von den
Anwohnenden und von den
Besitzern anliegender Grund-
stücke, die Fortschaffung dieser
Roßhütte, indem nach den poli-
zeilichen Bestimmungen die
Leiber von gefallenem Vieh
sogleich verscharrt werden
sollen, unbedingt verlangt
werden kann: so wird dies
Verlangen noch mehr dadurch
begründet, als die dort auf-
faulenden oder auftrocknen-
den Gedärme und Fleischstü-
ke eine Menge Ungeziefer,
namentlich Ratten, herbei-
locken und die reißenden

. . . Früchte der angränzenden Felder verhe[e]ren. Dies ist noch vor einigen Jahren so stark gewesen, daß die Ratten ein ganzes Stück Gerste des Colon Windmann aus Heidenoldendorf aufgefressen haben.

Zeugen hiervon sind der frühere Bürgermeister Schierholz und der Gensdarm Fischer. Ersterer hat damals versprochen das Uebel zu beseitigen und schien auch die gesetzwidrig erbaute Schinderhütte in Verfall zu gerathen und dieser Schandfleck der Residenzstadt sich von selbst beseitigen zu wollen.

Früchte der angrenzenden Felder verheeren. Dies ist noch vor einigen Jahren so stark gewesen, daß die Ratten einem ganzes Stück Gerste den Colon Windmann aus Heidenoldendorf aufgefressen haben.

Zeugen hiervon sind der frühere Bürgermeister Schirholz und der Gendarm Fischer. Letzterer hat damals versprochen das Übel zu beseitigen und schien auch die gesetzwidrig erbaute Schinderhütte in Verfall zu gerathen und dieser Schandfleck der Residenzstadt sich von selbst beseitigen zu wollen.

Da nun dem Vernehmen nach diese nach den bestehenden Polizeigesetzen strafbar angelegte Aashütte, die nebenbei bemerkt auch als Schlupfwinkel gedient haben soll, wieder hergestellt worden, und ein gewisser Nord eine Concession erhalten wird, so sehen sich die ergebenst unterzeichneten Umwohner und Grundbesitzer genöthigt Wohllöb[lichen]. Magistrat zu ersuchen, die benannte Schinderhütte sofort beseitigen zu wollen.

Braunenbruch den 31. Mai 1869.

Merckel

Da nun dem Vernehmen nach diese nach den bestehenden Polizeigesetzen strafbar angelegte *Rohhütte*, die nebenbei bemerkt auch als Schlupfwinkel gedient haben soll, wieder hergestellt werden, und ein gewisser Nord eine Concession erhalten wird; so sehen sich die ergebenst unterzeichneten Einwohner und Grundbesitzer genöthigt Wohllöbl. Magistrat zu ersuchen die benannte Schinderhütte sofort beseitigen zu wollen.

Braunenbruch den 31. Mai 1869.

[illegible]

Leseübung 15

Unterthanigste Vorstellung und
Bitte von Seiten des
Thorwärters Schlüter.

Wohllöblicher Magistrat!

Zu meinen größten Erstaunen und Schrecken, bin ich plötzlich meines Dienstes entlassen!

Es ist mir durchaus nicht bekannt, irgend ein Versehen gemacht zu haben, so wie ich auch nicht weis, daß eine Beschwerde gegen mich vorgekommen ist.

Die Beschuldigung, daß ich nicht rein sei, ist unbegründet, und wenn in dieser Beziehung eine Klage gegen mich vorliegt, so konnte diese leicht wiederlegt und abgeholfen werden. Daß man aber einen alten Mann von 66 Jahren, der 17 Jahre mit treuer Pflichterfüllung seinen Dienst versorgt hat, ohne die geringste Vorwarnung außer Brodt seht [gemeint ist wohl »setzt«]; erscheint mir um so härter, als ich obendrein das Unglück habe, eine kranke Frau zu besitzen, die so zusagen das Bett nicht verlassen hat.

Unterthänigste Vorstellung und Bitte von Seiten des Thorwärters Schlüter.

Wohllöblicher Magistrat!

Zu meinem größten Erstaunen und Schrecken, bin ich plötzlich meines Dienstes entlassen!

Es ist mir durchaus nicht bekannt, irgend ein Versehen gemacht zu haben, so wie ich auch nicht weiß, daß eine Beschwerde gegen mich vorgekommen ist.

Die Beschuldigung, daß ich nicht rein sei, ist unbegründet und wenn in dieser Beziehung eine Klage gegen mich vorliegt, so könnte diese leicht widerlegt und abgeholfen werden. Daß man aber einen alten Mann von 66 Jahren, der 17 Jahre mit treuer Pflichterfüllung seinen Dienst versorgt hat, ohne die geringste Vorwarnung außer Brodt setzt; erscheint mir um so härter, als ich obendrein das Unglück habe, eine kranke Frau zu besitzen, die so zu sagen das Bett nicht verlassen hat.

Es ist hier im Lande noch wohl bei keiner Behörde vorgekommen, daß ein Unterbedienter, gegen den nur eine so geringfügige Beschwerde vorgelegen hatte, sofort, ohne gehört zu werden, und ohne Vorwarnung weggejagt ist, zumal in meinen dienstlichen Pflichten gegen mich gar keine Klage laut geworden ist.

Was nun die Anzeige betrifft, daß ich nicht rein sei, so kann ich wohllöblichen Magistrat die festeste Versicherung geben, daß in dieser Beziehung niemals wieder gegen mich eine Beschwerde einlaufen wird, und hinsichtlich meines Dienstes werde ich mich auch bestreben, Alles aufs gründlichste zu besorgen, und bemerke ich noch, daß meine mehrmal vorgekommene Abwesenheit vom Thore, im letten Monat seinen Grund daran hat, daß ich im besagten Monate über 70 Scheine zur Einkassierung, folglich auch zur Anmeldung gehabt habe. . . .

Es ist hier im Lande noch wohl bei keiner Behörde vorgekommen, daß ein Unterbedienter, gegen den nur eine so geringfügige Beschwerde vorgelegen hatte, sofort, ohne gehört zu werden, und ohne Überweisung weggejagt ist, zumal in meinen dienstlichen Pflichten gegen mich gar keine Klage laut geworden ist.

Was nun die Anzeige betrifft, daß ich nicht rein sei, so kann ich wohllöblichen Magistrat die festeste Versicherung geben, daß in dieser Beziehung niemals wieder gegen mich eine Beschwerde einlaufen wird, und hinsichtlich meines Dienstes werde ich mich auch bestreben, Alles auf's gründlichste zu besorgen, und bemerke ich noch, daß meine mehrmal vorgekommene Abwesenheit vom Thore, im letzten ~~Monate~~ seinen Grund daran hat, daß ich im besagten Monate über 70 Schein zur Einkassirung, folglich auch zur Manualrung gehabt habe.

Wohllöblichen Magistrat bitte ich daher dringend und flehentlich mir meinen Dienst nicht zu nehmen, denn die Aussicht auf städtisge Arbeit ist für einen alten Mann der seit 17 Jahren solche Arbeit nicht mehr gewohnt ist, eine trübe Vergeltung, und würde meine Natur gewiß recht bald, durch entstehende Krankheit vernichtet sein.

Eine geneigte und wilfahrende Resolution entgegen sehend verharre ich als wohllöblichen Magistrat

gehorsamster Diener

Wohllöblichen Magistrat bitte
ich daher dringend und flehentlich
mir meinen Dienst nicht zu nehmen,
denn die Aussicht auf städtische Ar-
beit ist für einen alten Mann
der seit 17 Jahren solche Arbeit
nicht mehr gewohnt ist, eine trübe
Vergeltung, und würde meine
Natur gewiß recht bald, durch
entstehende Krankheit vernichtet
sein.

Eine geneigte und willfahrende
Resolution entgegen sehend ver-
harre ich als wohllöblichen Magi-
strat

gehorsamster Diener

Anhang / Supplementary

Drei Handschriften aus dem 19. Jahrhundert
mit erhöhtem Schwierigkeitsgrad

Three 19th Century Scripts Being Somewhat
Hard to read

Leseübung 16

pr[aesentatum][1] 21 Jul 1825
An
Hochfürstliche Regierung

ad rescriptum vom 19ten d. M.
Die Untiefen des Werre-
flusses am hiesigen Stadts-
bruche betreffend.

Gleich nach dem Eingange des nebenbemerkten verehrlichen Rescripts wurden der Gerichtsdiener Spilker und Bauermeister Dauber auf das genaueste instruirt, die etwa zum Baden sich eignenden Stellen in der Werre am hiesigen Stadtsbruche, nach ihrer Tiefe und sonstigen etwa Gefahr bringenden Beschaffenheit, gehörig zu untersuchen und demnächst anzugeben; worauf sie denn heute referirten, daß sie dergleichen Stellen in dem fraglichen Flusse nicht gefunden hätten. . . .

1) Vorgelegt (am)

pr. 21 Feb 1825

An
Hochfürstliche Regierung

ad Rescriptum vom 19ten d. M.

die Untiefen des Sperren-Schlusses am hiesigen Stadtbruche betreffend.

Gleich nach dem Eingange des nebenbemerkten verehrlichen Rescripts wurden der Gerichts-Diener Hilker und Bauermeister Brüder auf das genaueste instruiert, die etwa zum Baden sich eignenden Stellen in der Sperre am hiesigen Stadtbruche, nach ihrer Tiefe und dem daraus etwa Gefahr bringenden Beschaffenheit, gehörig zu untersuchen und demnächst anzugeben; worauf sie dann heute angezeigt, daß sie dergleichen Stellen in dem fraglichen Flusse nicht gefunden hätten.

Zum Baden in diesem eigne sich ihrer Meinung nach nur eine Stelle, welche sich da befinde, wo die Werre an dem zur lutherischen Kirche gehörigen Hudekampe vorbeyfließe, solche sey aber durchaus gefahrlos und werde überhaupt nur wenig besucht weil sie von Detmold zu entfernt sey und die Badenden daher sich lieber zu dem Theile der Werre begäben, welcher sich im Johanettenthaler Kuhkampe befinde.

Da jeder der Referenten 12 mgr[2] Gebühren liquidirt hat, so wolle Hochfürstl[iche] Regierung bey der Billigkeit derselben darauf Hochgefällig eine Assignation zu ertheilen geruhen.

Bey dieser Gelegenheit erlaubt sich Unterschriebener die Bemerkung, daß nach eingezogener Erkundigung der Sohn des hiesigen Schuhmachers Müller, Namens Friedrich, sich bey . . .

2) Mariengroschen

zum Worden in diesen eignen sich
ihrer Meinung nach nur einem Theile,
welcher sich da befindet, wo die Wer-
re an dem zur lutherischen Kirche
gehörigen Ländereien vorbeyfließt.
Solche sey aber durchaus zwecklos
und würde überhaupt nur wenig be-
sucht, weil sie von Detmold zu ent-
fernt sey, und die Badenden daher sich
lieber zu dem Theile der Werre begeben
welcher sich im Johannettenthaler Bruch-
kämpen befindet.

Da Unterschriebener 12 mgr. Gebühren
liquidirt hat, so wolle hochfürstl.
Regierung bey der Billigkeit derselben
darauf hochgefällig eine Assignation
zu ertheilen geruhen.

Bey dieser Gelegenheit erlaubt sich
Unterschriebener die Bemerkung,
daß nach eingezogener Erkundigung
der Sohn des hiesigen Schuhmachers
Müller, Namens Friedrich, sich bey

. . . der Rettung der Schuhmachergesellen Heinrich Schmitz aus Steinheim und Conrad Plöger, sehr ausgezeichnet hat.

Jener versicherte, daß er dem Ertrinken sehr nahe gewesen und einzig von Müller durch den zum dritten Mal wiederholten Versuche, wobey sein eigenes leben in Gefahr gewesen, gerettet sey. Dies ist am 14ten dieses Monats vorgegangen, als keiner der Umstehenden einen Rettungsversuch hat wagen wollen, bis endlich Müller durch Zureden das Wagstük unternommen hat, obgleich er er [!] dadurch leicht hätte abgeschrekt werden können, daß er bey den frühern Rettungsversuchen von dem betäubten Schmitz krampfhaft angegriffen und so in die Tiefe gezogen ist. Der Schuhmachergesell Plöger welcher am 16ten d. M. durch den . . .

der Rettung der Schuhmachergesellen Heinrich Schmitz aus Weinheim und Conrad Flöger, sehr ausgezeichnet hat.

Jener versicherte, daß er dem Ertrinkenden sehr nahe gewesen und einzig ~~durch~~ Müller durch den zum dritten Mal wiederholten Versuch, wobey sein eigenes Leben in Gefahr gewesen, gerettet sey. Dies ist am 14ten dieses Monats vorgegangen, als Jener den Versinkenden einen Rettungsversuch hat wagen wollen, bis endlich Müller durch Zureden das Wagstück übernommen hat, obgleich er nur dadurch leicht hätte abgehalten werden können, daß er bey den früheren Rettungsversuchen von dem betäubten Schmitz krampfhaft angegriffen und so in die Tiefe gezogen ist.

Der Schuhmachergesell Flöger welcher am 16ten d. M. durch den

. . . Müller aus dem Wasser gezogen ist, war ebenfalls dem Ertrinken nahe und nur die Entschlossenheit des letztern, welcher schon angekleidet gewesen, dennoch aber in das Wasser gesprungen ist, konnte seine Rettung herbeyführen. Der Gesell Plöger liegt jetzt krank danieder.

Das Benehmen des Schuhmachergesellen Müller verdient nach Referentens ohnvorgreiflicher Meinung, eine Auszeichnung, wozu er denselben hoher Landesregierung um so mehr empfehlen zu müssen glaubt, als derselbe noch sehr jung, schon so viele Entschlossenheit gezeigt, sich auch jederzeit untadelhaft betragen hat.

Detmold den 20sten Jul[ii] 1825.

Richteramt daselbst

F. Merckel

Müller aus dem Wasser gezogen ist, war ebenfalls dem Ertrinken nahe und nur die Entschlossenheit des Letzteren, welcher schon ausgekleidet gewesen, dennoch aber in das Wasser gesprungen ist, konnte seine Rettung herbeiführen.

Der Geselle Pläger liegt jetzt krank darnieder.

Das Benehmen des Schuhmachergesellen Müller verdient nach Unterzeichneter ohnmaßgeblicher Meinung eine Auszeichnung, wozu er denselben hoher Landesregierung um so mehr zu empfehlen zu müssen glaubt, als derselbe noch sehr jung, schon so viele Entschlossenheit gezeigt, sich auch jederzeit untadelhaft betragen hat.

Detmold den 20ten Jul: 1826.

Justizamt daselbst

F Martini.

Exp. d. 29. ej.[3]

K[urzer] H[and]

Für die Besichtigung der Untiefen in der Werre am Bruche erhalten die Unterbedienten, deren Officium solches ist, keine Gebühren.

Da Friedrich Müller sich bey der Rettung des Schmitz und Plöger ausgezeichnet haben soll, so hat das Richteramt die Sache sorgfältiger zu constatiren und dann mit Gutachten in 14 Tagen weiter zu berichten. Detm.

d. 26. Jul. 1825.

v. Meien

3) Abgesandt den 29. desselben Monats.

~~Ptz. 3 29. ej.~~

R. R.

Für die [illegible] der [illegible]
[illegible] in der Mauer am
[illegible] erhalten die Unter-
[illegible], denen Officium
schuldig ist, keine Gebühren.

Da Friedrich Müller sich
bey der [illegible] des Schmieds
und Pflüger [illegible] ha-
ben solle, so hat das Meister-
amt die Sache sorg-
fältiger zu constatieren
und dann mit Gutachten
(in 14 Tagen) zu berichten. [illegible]
d. 26. Jul. 1825

v. M.

Leseübung 17

An

den Chef der Gensdarmerie, Hrn. Hauptmann Cronemeyer hies.

Der pp.[1] erhält hierneben 6 Exemplare einer Bekanntmachung des Königlichen Kreisgerichtes in Stettin, das Verschwinden der 4½jährigen Tochter des Domainenpächters Poeckler zu Treuen[2] btrf.[3] mit der Aufgabe, dieselben unter die Gensdarmen des Landes zweckmäßig zu vertheilen und diejenigen, welchen ein Exemplar nicht übergeben werden . . .

1) Oben Genannte.
2) Ein Vorwerk bei Stralsund.
3) Betreffend.

An
den Chef der Gendarmerie, Herrn Hauptmann Brunnemeyer hier.

Der 66 erhält hiermit 6 Exemplare einer Bekanntmachung des Königlichen Kreisgerichts in Stettin, das Verschwinden der 4 1/2 jährigen Tochter des Domänenpächters Poeckler zu [illegible] mit der Aufgabe, dieselben unter die Gendarmen des Landes gleichmäßig zu vertheilen und diejenigen, welchen ein Exemplar nicht übergeben worden

. . . kann, sorgfältig zu instruiren. F

Zugleich wolle der pp. den Gensdarmen eröffnen, daß auf die Ermittelung des vermißten Kindes eine Staatsprämie von 300 Thlrn.[4] gesetzt worden ist.

Detmold, den 2. August 1872.

F[ürstl.] L[ippisches] Cab[inets]-Ministerium

F Namentlich haben die Gensdarmen sich von allen hier durchziehenden Banden und Zigeunern, Vagabunden, Seiltänzern sorgfältige Kenntniß zu verschaffen u. das Umspiel solcher Banden auf das genaueste zu revidiren.

4) Thalern

kennen, sorgfältig zu ent-
fernen.ᶠ

Zugleich wollen Sie cc den Gendarmen eröffnen, daß auf die Ermittelung des vermißten Kindes eine Hauptprämie von 300 Thlrn. gesetzt worden ist.

Detmold d. 2. August 1872

F. L. Cab.-Ministerium

ᶠ namentlich haben die Gendarmen sich vor allem [illegible] Banden von Zigeunern, Vagabunden, Seiltänzern, [illegible] Künstlern [illegible] zu [illegible] u. die [illegible] solcher Banden auf das genaueste zu revidiren.

Leseübung 18

Detmold, den 10. Februar 1893

An
Fürstl. Reg!

Verwendung bunter Laternen
seitens der Radfahrer betr.
(Zur Verf[ügung] vom 25/1—1/2 1893.)

In Erledigung nebengenannter Verfügung berichten F[ürstlicher] R[egierung] wir geh[orsamst], daß im Gebiete der Stadt Detmold, im Besonderen auf hiesiger Bahnstation, keine Unzuträglichkeiten aus der Verwendung bunter Laternen seitens der Radfahrer erwachsen sind.

Der Magistrat
Petri.

Detmold, den 10. Februar 1893.

An
Fürstl. Reg.!

Verwendung bunter Laternen
seitens der Radfahrer betr.
(zur Verf. vom 25/1 – 1/2 1893.)

In Erledigung nebengenannter Verfügung berichten F.R. wir gehorsamst, ~~daß~~ im Gebiet der Stadt Detmold, im Gegensatze auf hiesige Verhältnisse, keine Unzuträglichkeiten aus der Verwendung bunter Laternen seitens der Radfahrer erwachsen sind. ~~gezeigt haben.~~

Der Magistrat

Petri.

Reihe GRUNDWISSEN GENEALOGIE
aus dem Verlag Degener & Co.

Heribert Sturm: **Unsere Schrift. Einführung in die Entwicklung ihrer Stilformen (Grundwissen Genealogie 1)**
1961. ND 2015. 162 S., 169 Abb. (ISBN 978-3-7686-1008-7)

Hermann Metzke: **Lexikon der historischen Krankheitsbezeichnungen (Grundwissen Genealogie 2)**
1995. ND 2005. 125 S., Br.
(ISBN 978-3-7686-1051-3)

Fritz Verdenhalven:
Familienkundliches Wörterbuch (Grundwissen Genealogie 3)
3., überarb. u. erw. Aufl. 1992. ND 2024. 154 S., Br.
(ISBN 978-3-7686-1042-1)

Fritz Verdenhalven:
Alte Meß- und Währungssysteme aus dem deutschen Sprachgebiet (Grundwissen Genealogie 4)
1993. ND 2024. 124 S., Br.
(ISBN 978-3-7686-1036-0)

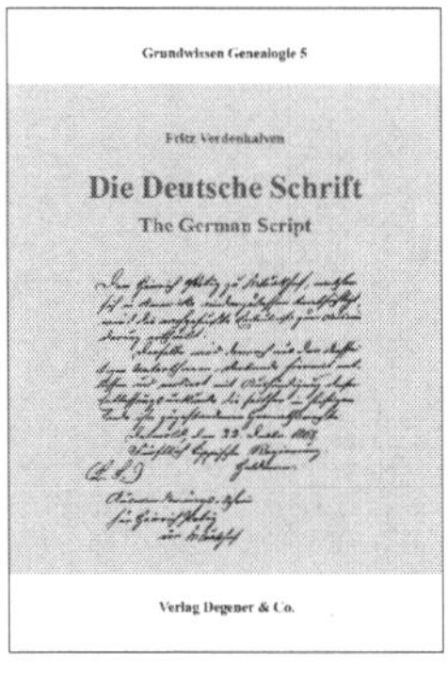

Fritz Verdenhalven:
Deutsche Schrift / The German Script (Grundwissen Genealogie 5)
1991. ND 2024. 152 S., Br. (ISBN 978-3-7686-1040-7)

Bestellungen:
Verlag Degener & Co. • Tel.: 09869-9782280 • www.degener-verlag.de